die mit dem panther
herausgegeben von Uwe Wandrey

Jane Cousins

Make it happy

Das Buch über Liebe, Lust und Sexualität
für Anfänger, Ratlose, Draufgänger

Übersetzt und bearbeitet von
K. Albrecht-Désirat und
K. Pacharzina

Fotobildgeschichte von
Matthias Duderstadt

Rowohlt

Jane Cousins, geb. 1948 in London; Studium der Geschichte an der University of Kent; Mitarbeit beim Rundfunk als freie Journalistin; lebt in Hale/Cheshire. Die Autorin erhielt für dieses Buch den «Times Educational Supplement Senior Informations Book Award 1979».

Karin Albrecht-Désirat, Lehrerin und Diplom-Pädagogin; studierte Pädagogik, Psychologie, Politologie und Soziologie. – Wissenschaftliche Assistentin an der Universität Hannover. Ausbildung als analytische Kinder- und Jugendlichen-Psychotherapeutin. Vorstandsmitglied der Deutschen Gesellschaft für Sexualforschung. – Zahlreiche Veröffentlichungen.

Klaus Pacharzina, Dr. med., Diplompädagoge, studierte Medizin, Pädagogik, Psychologie, Politologie, Philosophie und Soziologie. Forscht und lehrt in den Bereichen Psychosoziale Grundlagen der Medizin und Sexualwissenschaft, ist psychiatrisch an der Medizinischen Hochschule Hannover tätig und Vorstandsmitglied der Gesellschaft zur Förderung sozialwissenschaftlicher Sexualforschung. – Zahlreiche Veröffentlichungen.

Matthias Duderstadt, geb. 1950, studierte in Hamburg Kunstpädagogik und ·Germanistik. Hat einen Lehrauftrag für Kunst an der Universität Bremen. Macht in einer Gruppe (Hamburger Bildermacher) u. a. Bücher und Bilder für Kinder und Plakate. Beschäftigt sich vor allem mit der Frage, inwieweit die Sprache der Bilder und die Sprache der Wörter als eigenständige Medien angesehen werden können.

1.–23. Tausend Februar 1980
24.–33. Tausend April 1980
34.–53. Tausend Mai 1980

Deutsche Erstausgabe
Veröffentlicht im Rowohlt Taschenbuch Verlag GmbH,
Reinbek bei Hamburg, Februar 1980
Copyright © 1980 by Rowohlt Taschenbuch Verlag GmbH,
Reinbek bei Hamburg
Die Originalausgabe erschien 1978 unter dem Titel
«Make It Happy» bei Virago Limited, London
Copyright © 1978 by Jane Cousins
Redaktion Jutta Lieck
Umschlagentwurf Dieter Wiesmüller
unter Verwendung eines Fotos von Matthias Duderstadt
Alle Rechte an dieser Ausgabe vorbehalten
Gesetzt aus der Times (Linotron 404)
Gesamtherstellung Clausen & Bosse, Leck
Printed in Germany
580-ISBN 3 499 14495 6

Inhalt

Vorwort

Die meisten von uns – ob Anfänger oder Draufgänger – können über Sexualität noch eine ganze Menge lernen.

Küssen, schmusen, zärtlich sein – wie kann man sich und dem anderen (noch mehr) Freude damit machen? Ist onanieren schädlich? Was passiert eigentlich beim Orgasmus? Gibt es «sichere» Verhütungsmittel? Und wenn ein Kind kommt? – Auf diese und viele andere Fragen will das Buch der englischen Autorin *Jane Cousins* Antwort geben. Wir haben es übersetzt und für die deutsche Situation bearbeitet, weil es mit seiner Vielfalt an Informationen auch sehr neugierige Leser zufriedenstellen kann, weil es mit vielen Mythen aufräumt, weil es zur Zeit kein vergleichbares Buch auf dem deutschen Markt gibt – und schließlich, weil es ohne erhobenen Zeigefinger in verständlicher Sprache geschrieben worden ist.

Übrigens: Sprache – das war eines unserer «Übersetzungsprobleme». «Koitus» oder «Geschlechtsverkehr haben», das klingt sehr hölzern. «Sex machen» hört sich dagegen an, als ob jemand etwas herstellt oder produziert – das werden vermutlich die meisten von euch gerade vermeiden wollen! Ob «fikken», «vögeln», «bumsen» brutal und abwertend oder freundschaftlich, liebevoll, anregend klingt, hängt davon ab, wie ihr diese Wörter kennengelernt habt, und mit wem und wann ihr sie gebraucht. – Dann gibt es noch so fein umschreibende Wörter wie zum Beispiel «miteinander schlafen» (obwohl es doch eher «miteinander wach sein» heißen könnte) oder «sich lieben». – Und schließlich kennt ihr viele eindeutige, zweideutige, lustige, geheimnisvolle und aufregende Wörter – «eure» Sprache, in die ihr vielleicht manche der in diesem Buch verwendeten Bezeichnungen, wenn sie euch nicht gefallen, übersetzen könnt.

Gesundheitswesen und Rechtslage sind in der Bundesrepublik Deutschland und Großbritannien sehr verschieden. Auch deshalb mußten für die deutsche Situation einige Teile des englischen Originals verändert und streckenweise ganz neu geschrieben werden – so die Kapitel: Schwangerschaft, Schwangerschaftsabbruch, Ein Kind kommt, Krankheiten der Sexualorgane und Sexualität und Recht. Auch die Bücher- und Adressenliste und die meisten Bilder und Zeichnungen haben wir neu zusammengestellt.

Daß das Buch nun bei euch unter der Schulbank oder unter dem Mofasitz liegen kann, auf dem Nachttisch oder im Urlaubsgepäck oder in der Tasche neben der Werkbank, habt ihr auch *Annegret Knuth* zu danken, die mit großer Sorgfalt das Manuskript geschrieben hat und *Marc, Julia* und *Fiona.*

Uns allen hat die Arbeit Spaß gemacht – euch hoffentlich das Lesen und . . . make it happy!

Hannover, im Okt. 1979
Karin Albrecht-Désirat
Klaus Pacharzina

Unsere Sexualität

Manche meinen, daß Sexualität nur etwas für Erwachsene sei. Aber Sexualität fängt nicht plötzlich in irgendeinem bestimmten Alter an, und sie ist keineswegs nur für Erwachsene da. Wahrscheinlich beginnt unser sexuelles Leben sogar schon, bevor wir geboren werden. Man weiß heute, daß viele Jungen mit einem erigierten Penis zur Welt kommen. Bei Mädchen kann man nicht so leicht feststellen, wann sich die ersten Zeichen sexueller Aktivität zeigen, aber es gibt keinen Grund anzunehmen, daß das später als bei Jungen ist.

Vom Zeitpunkt der Geburt an kann man schon sehr viel mehr über unsere Sexualität sagen. Mädchen und Jungen können Höhepunkte sexueller Erregung erreichen, bevor sie sechs Monate alt sind; und viele von uns, obgleich nicht alle, haben schon ganz früh Spaß daran gehabt, ihre Geschlechtsteile zu berühren. In den Spielen kleiner Kinder kommt häufig Sexualität vor. «Doktorspiele» und «Mutter- und Vater-Spiele» enden oft damit, daß die Kleinen angenehme sexuelle Gefühle haben, wenn sie sich selbst oder gegenseitig berühren. Millionen von kleinen Kindern spielen so, ohne je den geringsten Schaden davonzutragen. Aber viele Eltern sind immer noch überzeugt, daß diese Spiele falsch und gefährlich sind; und sie versuchen, ihre Kinder davon abzuhalten, mit ihren Geschlechtsteilen zu spielen.

Unabhängig von unserem Alter ist Sexualität ein natürlicher Teil unseres Lebens. Ein Schlag auf die Hand eines Kindes, das seine Geschlechtsteile berührt, kann später viele Probleme verursachen, weil es sich wegen seiner sexuellen Gefühle schuldig und eingeschüchtert fühlt. Das kann der Grund dafür sein, daß man später Sexualität mit Unrecht in Verbindung bringt und meint, es sei etwas Schlimmes. Tatsächlich schadet es uns überhaupt nicht, wenn wir uns selbst berühren oder herausfinden, wie unsere Körper aussehen, wie wir sexuell reagieren und wie wir sexuelle Gefühle entwickeln. Es ist keinesfalls gut für uns, wenn wir uns hinsichtlich unserer Sexualität schuldig, beschämt oder eingeschüchtert fühlen.

Sexualität ist ein gesunder und natürlicher Teil unseres Lebens. Das bedeutet nicht, daß jeder unbedingt sexuell aktiv sein muß. Einige finden, daß Sexualität für ihr Leben sehr wichtig ist. Andere messen der Sexualität nur eine geringe oder gar keine Bedeutung bei. Manche stellen schon sehr frühzeitig fest, daß sie Spaß an Sexualität haben, wieder andere finden das erst heraus, wenn sie viel älter sind. Menschen werden sexuell aktiv, weil sie neugierig sind, weil sie auf diese Weise Freundschaft und Gefühle ausdrücken können, weil sie einfach Spaß daran haben oder weil sie jemanden lieben. Es ist jedenfalls keine Frage des Alters. Aber ihr könnt auch neugierig oder befreundet sein, Lust haben oder verliebt sein, und trotzdem keinen Sex machen. Jeder von uns hat unterschiedliche sexuelle Gefühle und Bedürfnisse, die sich während unseres ganzen Lebens verändern können. Es mag eine Menge von Gründen geben, warum Menschen keine sexuelle Beziehung möchten: vielleicht, weil sie nicht verliebt sind, weil sie es mit einer bestimmten Person nicht mögen oder einfach deswegen, weil sie sich nicht danach fühlen.

Manchmal fühlen sich Menschen unter Druck gesetzt, sexuell verkehren zu müssen, obgleich sie es in Wirklichkeit gar nicht wollen. Aber auch wenn es schwerfällt, sollte man versuchen, sich gegenseitig nichts vorzumachen. Wenn du jemandem sagst, du liebst ihn, nur um ihn damit zu überreden, mit dir Sex zu machen, ist das nicht nur unehrlich, sondern du kannst ihm damit sehr schaden. Möglicherweise verdirbst du ihm für den Rest seines Lebens die Freude an der Sexualität. Vielleicht kommt es dir manchmal so vor, als ob alle anderen ein strahlend glückliches sexuelles Leben haben und nur du anscheinend der einzige Mensch auf der Welt bist, der keinerlei sexuelle Gefühle oder Erfahrungen hat. In Wirklichkeit ist es wahrscheinlich so, daß deine Freunde alle versuchen, dir den Eindruck zu vermitteln, daß sie sexuell aktiv und erfahren sind, während sie in Wirklichkeit genauso unsicher sind wie du selbst.

Was wir brauchen, sind Grundkenntnisse über Sexualität; dann können wir alle selbst entscheiden, ob wir die Sexualität für uns wichtig finden und wenn ja, wie und mit wem. Ihr braucht nur die Briefkasten-Ratschläge in den Zeitungen und Zeitschriften zu lesen um zu sehen, wie viele tausend Menschen es gibt, die verzweifelt und unglücklich sind, weil sie zuwenig über Sexualität wissen. Kein Briefkasten-Ratschlag, kein Buch kann allein die sexuellen Probleme eines Menschen lösen; aber es gibt viele Menschen, die ihre Schwierigkeiten klären könnten, wenn sie nur ein wenig mehr Informationen hätten. Sexualität kann nämlich viele Menschen sehr glücklich machen.

Dieses Buch will euch über Sexualität informieren und zeigen, wie manche Probleme vermieden werden können. Im Anhang findet ihr Adressen, an die ihr euch wenden könnt, wenn ihr Hilfe und Rat braucht. Dieses Buch ist für Jugendliche, ihre Eltern und Lehrer geschrieben; für Mädchen und Jungen, die herausfinden wollen, was Sexualität für sie bedeuten kann, wenn sie älter sind; für Heranwachsende, die sich vielleicht noch nicht so sicher mit ihrer Sexualität fühlen, und für jeden anderen, der sich dafür interessiert.

Wir haben leider häufig falsche, nämlich ideale Vorstellungen von der Sexualität, die es uns unnötig schwermachen, damit umzugehen. Dieses Buch will falsche Vorstellungen ausräumen und euch helfen, eine eigene Einstellung zur Sexualität zu finden.

Mag sein, daß Sexualität ein Naturinstinkt ist – aber sexuelle Gefühle auszudrücken, ist nicht immer so eine natürliche Sache. Wichtig ist, daß wir die Sexualität ganz individuell erleben. Darüber hinaus kommt es darauf an, die Lust und den

Spaß an der Sache nicht nur für sich zu beanspruchen, sondern auch für den anderen. Das bedeutet, den Partner ehrlich, fair und liebevoll zu behandeln. Das ist der einzige Weg, «to make it happy».

Pubertät

Ein Mädchen hat schon als Baby eine Vagina (Scheide), einen Uterus (Gebärmutter) und zwei Eierstöcke. Ein kleiner Junge hat bereits einen Penis, zwei Hoden und seine inneren Sexualorgane. Während der ganzen Kindheit verändern sich diese nicht wesentlich. Aber mit zunehmender Reife beginnen unsere Körper natürliche Stoffe zu produzieren, die man Hormone nennt; sie verändern die Gestalt und Erscheinung unserer Körper und bewirken, daß unsere inneren und äußeren Sexualorgane reifen; das bedeutet, wir kommen in die Pubertät.

Niemand kann voraussagen, wann diese Veränderungen einsetzen, denn nicht einmal zwei Menschen entwickeln sich von genau dem gleichen Zeitpunkt an. Im Durchschnitt kommen Mädchen ein Jahr früher als Jungen in die Pubertät. Das Durchschnittsalter bei Mädchen liegt zwischen zwölf und dreizehn, bei Jungen etwa zwischen zwölf und vierzehn Jahren. Aber es kann ebensogut bereits mit neun oder zehn oder auch erst mit siebzehn oder achtzehn Jahren beginnen. Niemand weiß wirklich, warum einige von uns sich früh entwickeln und andere erst später. Möglicherweise besteht ein Zusammenhang zwischen gesunder Ernährung und früher körperlicher Entwicklung. Es hängt auf jeden Fall auch von den körperlichen Anlagen ab, die wir ererbt haben.

Die Zeit, die unser Körper braucht, um sich zu entwickeln, können wir nicht wesentlich beeinflussen. Anfangs werden die Hormone ziemlich unregelmäßig produziert. Es braucht einige Zeit, bis sie gleichmäßig und ausbalanciert hergestellt werden.

Nach der Pubertät kommt die *Adoleszenz* (Zeitspanne des Heranwachsens). Allgemein heißt Adoleszenz, daß man emotional und geistig erwachsen wird. Aber der Ausdruck «erwachsen werden» kann für jeden etwas ganz Unterschiedliches bedeuten. Oft wird von uns verlangt, erwachsen zu sein, obwohl wir uns noch gar nicht danach fühlen. Es ist tatsächlich so, daß wir einige Zeit brauchen, um unsere Gedanken und Gefühle klar voneinander abzugrenzen, genauso wie die Produktion unserer Hormone erst im Verlauf der Pubertät ein gewisses Gleichgewicht bekommt.

Einige heranwachsende Mädchen und Jungen sind die ganze Zeit hindurch immer wieder neu verliebt – oder glauben zumindest, daß sie es sind. Oft fühlt man sich ganz plötzlich von einem Menschen des gleichen oder anderen Geschlechts sexuell stark angezogen. Es kann die Begeisterung für ein älteres Mädchen oder einen älteren Jungen in der Schule sein, einen Lehrer, einen Pop-Star, einen Fußballer oder einen Freund. Häufig sind diese Gefühle nach wenigen Wochen oder Monaten wieder verschwunden; aber während sie da sind, ist es nicht einfach, sich den Unterschied zwischen einem vorübergehenden kurzen Verliebtsein und einer tieferen, stärkeren, vielleicht sogar länger dauernden Liebe klarzumachen. Manche Mädchen und Jungen kommen einfacher als andere mit diesen sehr intensiven und sogar verwirrenden Gefühlen zurecht. Wenn du verliebt bist, hilft es dir gar nichts, wenn man dir sagt, das wird sich schon wieder geben. Denn du gehst ja davon aus, daß deine Gefühle nicht vorübergehend sind, und niemand kann beurteilen, wie ernst es dir ist.

Das ganze Durcheinander, das wir in dieser Zeit fühlen, wird uns durch die Einstellung der Gesellschaft gegenüber der Sexualität noch zusätzlich erschwert. Einerseits scheinen die Erwachsenen von jungen Leuten zu erwarten, daß diese sich so verhalten sollten, als ob sie überhaupt keine sexuellen Gefühle hätten. Andererseits ermutigen Erwachsene aber auch Jugendliche, ihr Geld für Kleider, Make-up, Zeitschriften usw. auszugeben – alles Dinge, die sie weniger kindlich und sexuell attraktiver machen sollen. Eltern und Lehrer verbringen eine Menge Zeit damit, Kinder zu erziehen – man bringt ihnen Gehen, Sprechen, Schreiben, Lesen bei, nur die Sexualität wird meistens ausgeschlossen. So ist es nicht überraschend, daß Beziehungen sehr kompliziert und schwierig werden können, wenn wir uns erst so spät unserer Sexualität bewußt werden. Was diese Schwierigkeiten noch verstärkt, ist die Tatsache, daß uns die Umwelt ermutigt, so zu handeln, zu denken und uns zu kleiden, als ob Sexualität ein Teil unseres Lebens wäre, und uns gleichzeitig davon abhält, unsere sexuellen Gefühle zu zeigen.

Unser Körper

Die Hormone, die unser Körper während der Pubertät produziert, verursachen deutliche Veränderungen unseres Äußeren. Mädchen werden rundlicher, und der Busen beginnt sich zu entwickeln. Sie bekommen Schamhaare und unter den Armen, oft auch an den Beinen und anderen Teilen des Körpers, ebenfalls Haare. Die äußeren Sexualorgane siehe (S. 21 f) werden dunkler, fleischiger und berührungsempfindlicher. Die Stimme wird ein bißchen tiefer. Beim Jungen werden auch Penis und Hoden (siehe S. 24 f) in dieser Zeit größer. Die Haare wachsen an den Sexualorganen, unter den Armen und etwa ab fünfzehntem bis sechzehntem Lebensjahr auch im Gesicht und vielleicht auf der Brust. Ein Junge hat meistens einen deutlichen Stimmbruch und kiekst und krächzt eine Zeitlang, bevor die Stimme tiefer wird.

Dann, wenn die Hormonproduktion allmählich regelmäßiger wird, kann die Haut oft fettig und picklig werden. Einige bekommen auch Pickel auf dem Rücken. Manchmal hilft es dann, frisches Gemüse, Obst, mageres Fleisch und Fisch zu essen und statt dessen Pudding, Butter, Milch, Eier und Süßigkeiten wegzulassen. Ihr könnt Cremes oder medizinische Seife in der Drogerie kaufen, die die Haut reinigen helfen, oder wenn die Haut sehr picklig ist, kann euch der Arzt eine Creme verschreiben. Mitesser und Pickel verschwinden mit der Zeit – sie auszudrücken, macht es eher schlimmer und kann manchmal Narben hinterlassen. Ihr werdet merken, daß ihr manchmal sehr stark schwitzt. Schweiß riecht nicht schlecht, aber wenn er auf eurem Körper bleibt, kann er bald unangenehm riechen. Sich ein- bis zweimal täglich gründlich zu waschen, beseitigt den Geruch besser als Sprays oder Körperdeodorants. Diese überdecken den Geruch nur, anstatt die Hautbakterien, die ihn verursachen, abzutöten.

All diese Veränderungen können sehr verunsichernd sein – besonders wenn sie ganz plötzlich auftreten. Die älteren oder jüngeren Schwestern und Brüder finden es oft unglaublich lustig zu sehen, wie sich diese Veränderungen ausbreiten – und so kann es für viele junge Menschen sehr ärgerlich werden, wenn zum Beispiel ihre Brust sich entwickelt oder ihre Stimme sich anscheinend nicht mehr kontrollieren läßt.

Wie Mädchen aussehen

Brüste: In der Umgangssprache nennt man die Brüste Busen oder Titten. Die Brust besteht zu einem großen Teil aus Fettgewebe. Der Rest besteht aus Drüsen, die Milch produzieren können, wenn ein Baby geboren wird, und Kanälen, die die Milch zu den Brustwarzen leiten, an denen das Baby saugen kann. Während der Pubertät, wenn die Brüste und die Brustwarzen größer werden, wird auch das Gebiet um die Warzen herum (Warzenhof) größer und dunkler.

Die Brüste der meisten Frauen unterscheiden sich in Form und Größe voneinander. Der Unterschied zwischen beiden Brüsten ist während des Wachstums häufig besonders deutlich. Falls ein Mädchen wirklich sehr beunruhigt ist über die ungleiche Form ihrer Brüste, kann ein gefütterter BH helfen, den Unterschied auszugleichen – aber meistens bemerkt das sowieso kein Mensch. Es sollte wirklich nicht so viel Bedeutung für euch haben. Laßt euch von der Vorstellung mancher Menschen über das, was «perfekt» ist, nicht unter Druck setzen.

Manchmal wachsen Haare rund um die Brustwarzen oder zwischen den Brüsten. Durch das Abrasieren dieser Haare entstehen nur häßliche Stoppeln. Obgleich ihr euch keine Sorgen darüber machen solltet, kann euch euer Arzt am besten zei-

(Dame, da nicht vorschriftsmäßig bekleidet, ist nur als Zubehör zu betrachten.)

AUSTRALIEN
IST RIESIG.

2 Tage Bangkok, 5 Tage Sydney schon ab
2.328.-
Verlängerungswoche
schon ab **265.-**

Ein Beispiel aus dem großen
Neckermann-
Fernreise-Prospekt

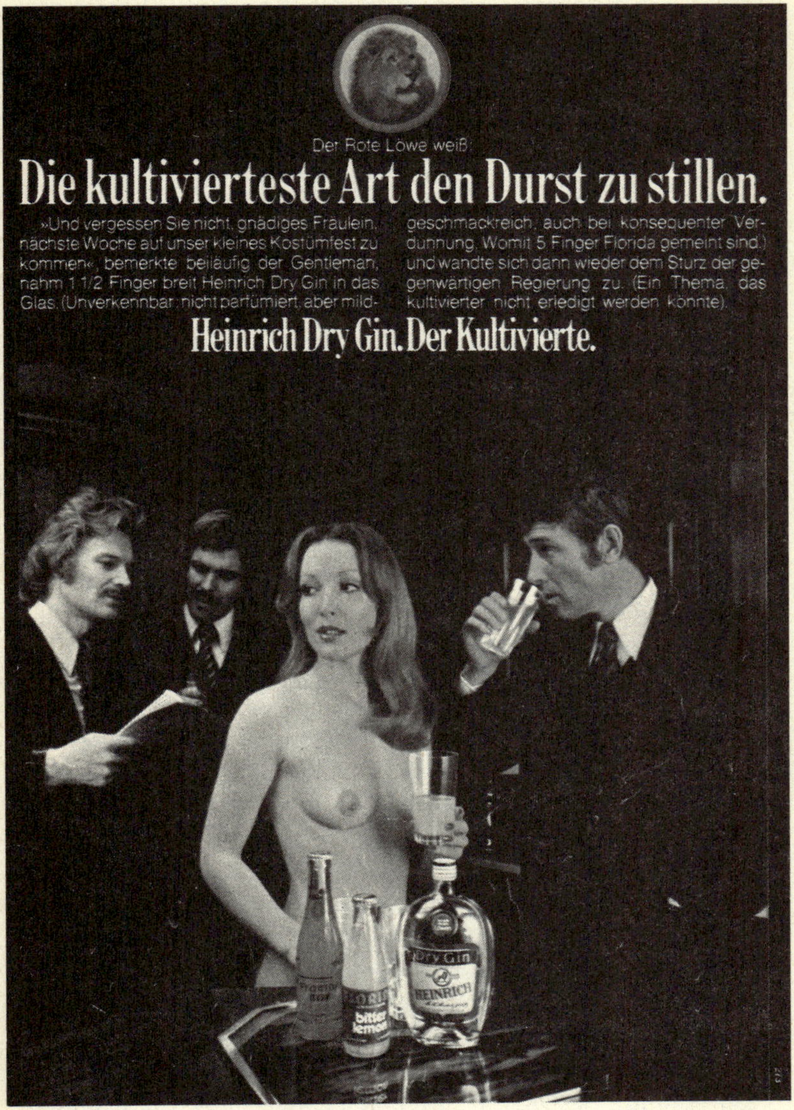

Der Rote Löwe weiß:

Die kultivierteste Art den Durst zu stillen.

»Und vergessen Sie nicht, gnädiges Fräulein, nächste Woche auf unser kleines Kostümfest zu kommen«, bemerkte beiläufig der Gentleman, nahm 1 1/2 Finger breit Heinrich Dry Gin in das Glas. (Unverkennbar: nicht parfümiert, aber mild-geschmackreich, auch bei konsequenter Verdünnung. Womit 5 Finger Florida gemeint sind.) und wandte sich dann wieder dem Sturz der gegenwärtigen Regierung zu. (Ein Thema, das kultivierter nicht erledigt werden könnte).

Heinrich Dry Gin. Der Kultivierte.

gen, wie man die Haare loswird, falls euch der Haarwuchs unerträglich zu sein scheint.

Die meisten Mädchen denken, daß ihr Busen zu groß oder zu klein ist, daß er zu hoch oder zu tief ansetzt. In vielen Zeitschriften und Magazinen wird der Eindruck vermittelt, daß der Busen auch eine Modesache ist: mal muß er klein sein, und dann ist es wieder modern, einen großen Busen zu haben. Das ist, wie alles, was der Mode unterworfen ist, letztlich nur zum Vorteil der Modehersteller. Die BH-Hersteller wollen uns natürlich auch so viele BHs wie nur möglich verkaufen – da gibt es gefütterte für einen Modetrend und leichte, unauffällige für den anderen. Sie können natürlich nicht darüber erfreut sein, wenn viele Frauen entscheiden, überhaupt keine BHs mehr zu tragen! Wenn sich ein Mädchen besser ohne BH fühlt, dann gibt es keinen Grund, ihn dennoch zu benutzen. Wenn sie dagegen findet, daß ihr Busen zum Beispiel beim Gehen oder beim Sport «unvorteilhaft» hüpft und vielleicht sogar weh tut, mag sie einen tragen. Es stimmt, daß große Brüste, die nicht gestützt werden, leichter herunterhängen – aber wer hat schon das Recht zu sagen, daß ein sogenannter Hängebusen unansehnlich ist?

Zeitschriften, Miss-Wahlen und Werbung wollen uns einreden, daß jedes Mädchen einen perfekt geformten Busen haben sollte. Selten nur seht ihr ein Fotomodell mit kleinem Busen auf Werbe-Anzeigen. Man kann nur hoffen, daß eines Tages Produkte hergestellt werden, die durch ihre eigene Qualität überzeugen. Solange das nicht so ist und Frauen mit großem Busen als besonders reizvolles Werbemittel eingesetzt werden, glauben viele Mädchen mit kleinem Busen, daß sie minderwertig und irgendwie nicht sehr «weiblich» sind. Und Mädchen mit großem Busen müssen befürchten, nur noch als Sexobjekte zu gelten, weil ihre Weiblichkeit immer in Verbindung mit käuflicher Ware gebracht wird.

Gleichgültig, ob euer Busen groß oder klein ist – das hat keinen Einfluß darauf, ob ihr später einmal euer Baby stillen könnt, wenn ihr es wollt. Die Brüste, besonders die Brustwarzen, der meisten Mädchen und einiger Jungen sind ganz empfindlich für sexuelle Erregung. Die Größe und Form hat keinen Einfluß darauf, wieviel Lust ihr bekommen könnt, wenn sie berührt, gestreichelt oder geküßt werden.

Vulva: Die äußeren Sexualorgane eines Mädchens nennt man Vulva. Sie besteht aus dem Schamberg, den großen und kleinen Schamlippen, Klitoris (Kitzler), Urethra (Harnröhre) und dem Eingang der Vagina (Scheideneingang).
In der Umgangssprache gibt es verschiedene Wörter, die man statt dessen gebraucht – Muschi und Möse sind zwei davon. Viele Mädchen sind so erzogen, daß sie ihre Sexualorgane weder benennen noch berühren und auch nicht anschauen. Es ist so, als ob uns weisgemacht werden soll, daß die Sexualorgane von Mädchen schmutzig und unerfreulich sind oder daß sie ganz einfach gar nicht existieren. Dagegen klingt es nicht fremd in unseren Ohren, wenn wir einen Jungen über seinen Penis wie über seinen besten Freund – genannt «Willi» oder «Johann» – sprechen hören. Bei uns nennt man jemanden, von dem man nicht viel hält, einen «Schlappschwanz». Aber wenn man ein Mädchen «Fotze» nennt, dann zeigt sich darin eine noch schlimmere Verachtung. Als ob eine Vagina schmutziger wäre als ein Penis. Vielleicht werden Mädchen eines Tages ihre Vulva auch mit einem freundlichen Namen bezeichnen – obgleich zugegebenermaßen «Wilhelmine» oder «Johanna» ein wenig seltsam klingen!

Schamberg: Ein anderer Ausdruck für Schamberg ist Venushügel. Venus ist die antike Göttin der Liebe. Der Schamberg ist die leichte Erhebung, auf der die Schamhaare wachsen.

Schamhaare: Sie wachsen auf dem Schamberg und den großen Schamlippen. Diese Haare sind oft sehr viel dunkler als die Haare auf unserem Kopf.

Große Schamlippen: Der Fachausdruck dafür ist Labia majora. Bei den meisten berühren sich die großen Schamlippen, um die empfindlichere Haut darunter zu schützen.

Kleine Schamlippen: Der Fachausdruck hierfür ist Labia minora. Wenn man die großen Schamlippen auseinanderfaltet, kann man die dunkleren und feuchten kleinen Schamlippen sehen.

Klitoris (Kitzler): Die Klitoris ist voller Nervenenden und somit der sensibelste Teil der weiblichen Sexualorgane. Gewöhnlich ist sie von Hautfalten bedeckt und liegt dort, wo die inneren kleinen Schamlippen an der Spitze der Vulva zusammentreffen. Diese Haut muß vorsichtig zurückgezogen werden, um die Klitoris ganz zu sehen. Wenn ein Mädchen nicht sicher ist, wo sich ihre Klitoris befindet – und es ist wirklich nicht immer leicht, sie zu finden –, sollte sie sanft ihre Vulva betasten; und wenn sie über den empfindlichsten Punkt streicht, kann sie sicher sein, daß das ihre Klitoris ist. Sie kann sich anfühlen wie eine kleine empfindliche Halbkugel, ungefähr von der Größe einer kleinen Erbse.
Die Klitoris besteht aus schwammigem Gewebe mit vielen kleinen Gängen und Blutgefäßen. Wenn ein Mädchen sexuell erregt ist, verhindert ein kleiner Muskelring an der Basis des Klitorisschafts, daß das Blut aus dem Kitzler wieder herausfließt. Dadurch wird die Klitoris fest und steif und tritt aus der sie bedeckenden Haut hervor. Wenn die sexuelle Erregung nachläßt, entspannen sich die Muskeln, das meiste Blut fließt wieder zurück; und die Klitoris verliert dann ihre Steifheit. Ihr habt recht, wenn ihr meint, daß sich das genauso anhört, wie wenn ein Junge einen erigierten Penis bekommt. Beide, Klitoris und Penis, reagieren in einer ähnlichen Weise. Das hängt damit zusammen, daß in den ersten Entwicklungsmonaten des noch ungeborenen Kindes Junge und Mädchen sich sehr ähneln. Erst im Verlauf der weiteren Tage und Wochen entwickeln sich aus den Zellen der Sexualorgane Klitoris und

Weibliche Geschlechtsorgane (äußerlich)

1 Große Scheidenlippen 3 Kitzler   5 Scheidenmündung
2 Kleine Scheidenlippen 4 Harnröhrenmündung 6 Jungfernhaut (Hymen)

mit Jungfernhaut   ohne Jungfernhaut

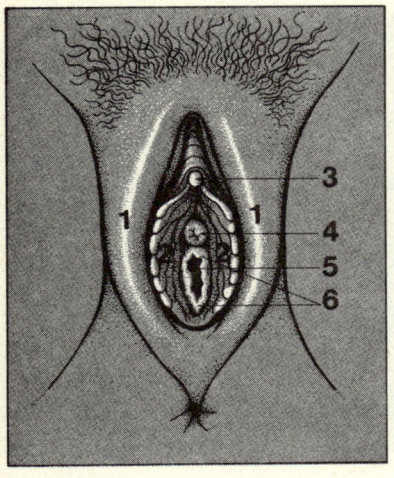 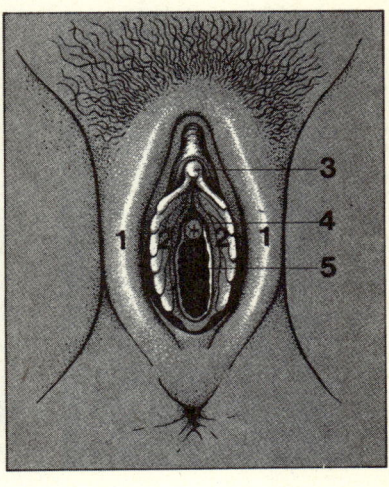

Männliche Geschlechtsorgane (äußerlich)

1 Gliedschaft 2 Eichel 3 Hodensack 4 Ringfurche

mit Vorhaut   mit zurückgezogener Vorhaut

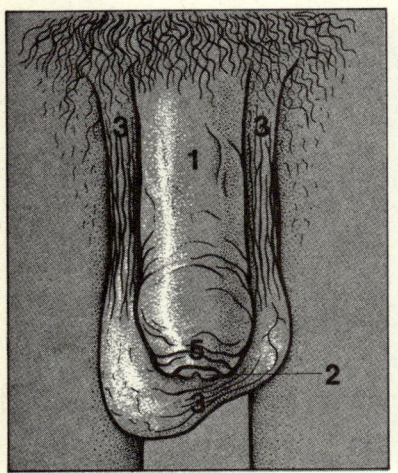 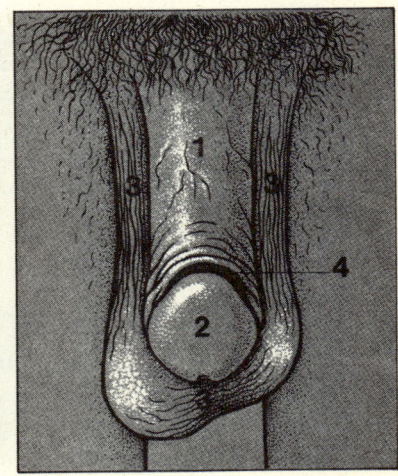

23

Schamlippen beim Mädchen, Penis und Hoden beim Jungen.

Urethra (Harnröhre): Die Öffnung zur Harnröhre befindet sich unterhalb der Klitoris. Sie führt zur Blase, wo Urin gesammelt wird. Der Urin fließt aus der Harnröhre.

Vagina-Eingang (Scheideneingang): Wörter aus der Umgangssprache für Vagina sind: Möse, Loch, Fotze und viele andere. Der Eingang oder die Öffnung zur Vagina besteht aus einem Muskelring, der im allgemeinen klein und fest ist. Die Muskeln können sich entspannen, wodurch der Eingang weit genug wird, um zwei Finger, den Penis während des Geschlechtsverkehrs oder sogar das Baby während der Geburt hindurchzulassen.

Hymen (Jungfernhäutchen): In der Umgangssprache wird das Hymen Jungfernhäutchen genannt. Kurz hinter dem Scheideneingang kann die Scheide durch das dünne Jungfernhäutchen teilweise oder fast ganz versperrt sein. Manche Mädchen werden ohne Hymen geboren; es kann auch auf ganz natürliche Weise schon in jungen Jahren einreißen – zum Beispiel beim Reiten, Fahrradfahren oder Turnen. Manchmal kann man das Jungfernhäutchen mit einem Spiegel erkennen. Wenn ein Mädchen ihre Finger nicht mehr als ein paar Zentimeter in die Vagina stecken kann, bedeutet das, daß ihr Hymen noch dort ist. Oft ist ein kleines Loch im Jungfernhäutchen, so daß die Vagina nie ganz verschlossen ist. Das Monatsblut kann so frei abfließen.

Wie Jungen aussehen

Penis (Glied): Es gibt viele Alltagswörter für Penis: Schwanz, Pimmel oder Schwengel sind einige. Er besteht aus zwei Teilen: den Kopf nennt man Glans (Eichel), und der längere Teil ist der Schaft. Der empfindlichste Teil ist die Glans, weil sie Tausende von Nervenenden hat.

Genau auf der Spitze der Eichel ist die Öffnung der Harnröhre, genannt **Urethra (Harnröhre)**, die durch die Mitte des Penisschafts führt. Im Körper teilt sich diese Röhre – ein Gang führt zur Blase und der andere zu den inneren Sexualorganen. Auch der Penis ist aus schwammigem Gewebe mit vielen kleinen Gängen und Blutgefäßen. Im Normalzustand, wenn er schlaff und klein ist, fließt gleichmäßig Blut hindurch. Wenn ein Junge sexuell erregt ist, schließt sich der Muskelring am Ansatz des Schafts langsam: Blut fließt noch in die Gefäße des Penis hinein, aber nicht mehr hinaus. Dadurch wird der Penis größer und steifer. Wenn die sexuelle Erregung nachläßt, entspannen sich die Muskeln, der Penis wird wieder schlaff.

Vorhaut: Bei allen neugeborenen Jungen ist die Eichel von einem Häutchen bedeckt. Das ist die Vorhaut; sie entspricht jener Hautfalte, die die Klitoris schützt. Meistens bedeckt die Vorhaut die Eichel, aber sie kann zum Schaft hin zurückgezogen werden. Unter der Vorhaut sammelt sich ein käsiges, manchmal körniges Sekret, das man Smegma nennt.

Beschneidung ist eine kleine Operation, durch welche die Vorhaut kürzer wird. Einige Jungen werden acht Tage nach der Geburt beschnitten, weil Ärzte und Eltern glauben, daß ein beschnittener Penis leichter sauberzuhalten und vor Infektionen, die manchmal durch das Smegma entstehen können, zu schützen ist. Moslems werden aus religiösen Gründen erst im Alter von acht Jahren oder sogar später beschnitten.

Durch die Beschneidung wird die Sexualität eines Jungen nicht beeinflußt. Einem erigierten Penis kann man kaum ansehen, ob er beschnitten ist oder nicht.

Entgegen allen Befürchtungen, Gerüchten und Prahlereien (!) haben alle Schwänze ungefähr die gleiche Größe: nämlich circa fünf bis acht Zentimeter im schlaffen und ungefähr fünfzehn Zentimeter im erigierten Zustand. Aber wie das immer bei solchen Durchschnittszahlen ist – einige sind ein bißchen kleiner und andere ein bißchen größer. Jungen und Männer können eine Menge Zeit damit verbringen, sich darüber Sorgen zu machen, ob ihr Penis zu klein oder zu dünn ist – obgleich das wirklich nicht nötig ist. Zunächst muß man wissen, daß der Penis sehr sensibel auf Temperaturen reagiert und darauf, wie sich ein Junge fühlt. Es mag sein, daß ein Junge, der befürchtet, den kleinsten Penis der Welt zu besitzen, Vergleichsmöglichkeiten in Situationen hatte, in denen seine Ängste seinen Penis klein hielten, während die anderen Jungen sich wohlig und entspannt fühlten und so einen größer aussehenden Penis hatten. Wie es auch sei, ein im entspannten Zustand ziemlich kleiner Penis kann durch die Erektion groß oder sogar größer werden als einer, der schon im schlaffen Zustand ziemlich groß ist.

Eins ist sicher: Es gibt nichts, was einen Penis vergrößert. Vertreter, die für Arzneien oder Geräte werben, die einen Penis größer machen sollen, lügen. Sie werden reich durch die Ängste von Jungen und Männern, die denken, daß Mädchen einen großen Penis bevorzugen und die glauben, daß sie mit einem kleinen Penis weniger «männlich» sind. Das ist alles Unsinn – das sexuelle Vergnügen wird nicht durch die Größe des Penis bestimmt.

Hoden: Man nennt sie auch Eier. Unterhalb des Penis ist ein Hautsack aus runzliger rötlicher Haut, der die beiden Hoden enthält. Dieser «Behälter» wird Skrotum oder (Hoden-) Sack genannt. Meist hängt ein Hoden etwas tiefer als der andere – oft ist es der linke. Die Hoden können durch Stoß oder Schlag sehr leicht verletzt werden; darum tragen Boxer und auch einige andere Sportler einen Hodenschutz. Genauso wie der Penis reagieren die Hoden auf Temperatur und Stimmung. Bei höheren Temperaturen oder wenn ein Junge sich entspannt fühlt, hängen die Hoden herab. Ist es kalt, ist der Junge nervös oder sexuell erregt, liegen die Hoden näher am Körper an, weil sich das Skrotum zusammenzieht.

Schamhaare: Sie wachsen rund um den Penis und die Hoden. Oft haben sie eine dunklere Farbe als die Kopfhaare.

Die inneren Sexualorgane

Die Hormone, die die Gestalt und das Aussehen unseres Körpers und unserer äußeren Sexualorgane verändern, bewirken auch eine Entwicklung der Sexualorgane im Inneren unseres Körpers. Wenn man sagt, unsere inneren Sexualorgane – oder Fortpflanzungsorgane – sind reif, bedeutet das bei Mädchen, daß in den Eierstöcken genügend reife Eizellen produziert worden sind. Das erste äußere Zeichen dafür ist, daß ein Mädchen zum erstenmal ihre Regelblutung bekommt. Bei einem Jungen beginnen in dieser Zeit die Hoden Spermien zu produzieren. Er merkt dies daran, daß er seine erste Ejakulation hat; das heißt, aus seinem Penis spritzt eine Flüssigkeit, die man Samen nennt und die Millionen kleiner Spermienzellen enthält. Eizelle und Spermienzelle sind die beiden Hälften der menschlichen Fortpflanzung. Beide, Ei und Spermium, können zusammen ein neues menschliches Wesen hervorbringen.

Fortpflanzungsorgane – Mädchen
Ovarien (Eierstöcke): Mädchen haben zwei Eierstöcke. Sie bestehen aus Millionen kleiner Follikel, die alle eine unreife Eizelle beherbergen. Wenn ein Mädchen körperlich reif ist, haben ihre Eierstöcke fast genau die Größe und Gestalt einer ungeschälten Mandel.
Wenn man in die Pubertät kommt, beginnen die Eierstöcke weibliche Sexualhormone zu produzieren. Diese Hormone bewirken zweierlei: sie veranlassen, daß die Gebärmutterinnenwand mit einer lockeren und blutreichen Haut ausgefüllt wird und daß eine Eizelle (Ovum) in einem der Eierstöcke zu reifen beginnt. Nur ganz selten reifen zwei Eizellen (der Plural von Ovum ist Ovula) zur gleichen Zeit heran.
Unter dem Einfluß der Hormone wandert ein Follikel mit der

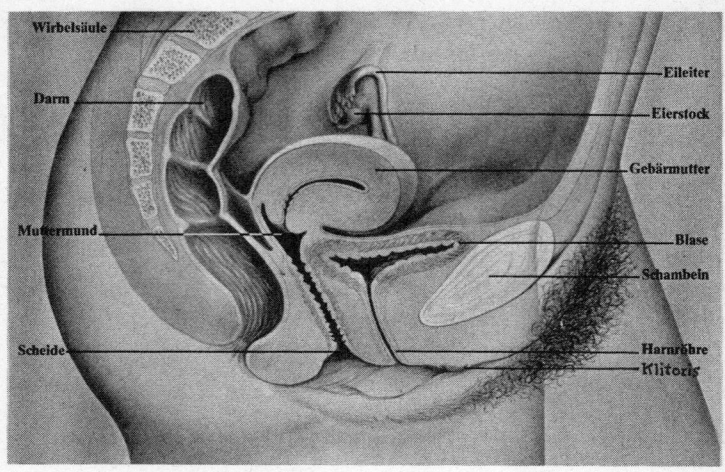

Sexualorgane des Mädchens

reifenden Eizelle zur Oberfläche des einen oder anderen Eier-
stocks. Wenn das Ei reif ist, platzt der Follikel, das Ei tritt aus
dem Follikel heraus, fällt aus dem Eierstock (Ovarium) und
wird vom nächstliegenden Eileiter aufgefangen. Das nennt
man Ovulation (Eisprung). Einige Mädchen merken das, indem sie ein plötzliches, scharfes Ziehen an der einen oder anderen Seite im Unterbauch spüren.

Tuben (Eileiter): Die beiden Tuben sind circa acht Zentimeter lang. An ihrem einen Ende sind die Eileiter mit der Gebärmutter verbunden, die beiden anderen enden in der Nähe der
Eierstöcke; beide Tuben haben hier eine Öffnung, die mit
Fangarmen ausgestattet ist, so daß die aus dem Eierstock her-
ausfallende Zelle aufgefangen werden kann. Die Vereinigung
von Samen- und Eizelle findet meistens im Eileiter statt.
Wenn der Follikel von dem fangarmartigen Ende des Eileiters
umgeben wird, platzt er auf, und die reife Eizelle trennt sich
von ihm. Der Follikel beginnt sich zurückzubilden und wird
dann Gelbkörper genannt, weil er eine gelbliche Farbe bekommt. Die reife Eizelle wandert den Eileiter hinunter. Sie

braucht ungefähr sechseinhalb Tage, um die Gebärmutter zu erreichen.

Uterus (Gebärmutter): Bei einem körperlich reifen Mädchen hat die Gebärmutter ungefähr die Größe einer kleinen geballten Faust. Sie besteht aus dicken Muskelzügen, die eng aneinandergepreßt liegen, etwa so wie ein Ballon, der nur einen kleinen Hohlraum hat. Während das Ei den Eileiter herunterwandert, wird die Gebärmutterinnenwand mit einer gefäß- und blutreichen Haut ausgekleidet. Wenn das Ei von einer Spermien-Zelle befruchtet worden ist, setzt es sich auf der Oberfläche dieser Haut fest, und es entwickelt sich ein Lebewesen. Das Mädchen ist nun schwanger. Während des Wachstums wird das Baby von den Blutgefäßen der Gebärmutterschleimhaut ernährt.

Falls die Eizelle nicht von einer Samenzelle befruchtet worden ist, stirbt sie nach einigen Tagen ab. Es vergehen etwa zwölf bis vierzehn Tage, bis die abgestorbene Eizelle zusammen mit einem Teil der gleichfalls zurückgebildeten Gebärmutterschleimhaut von den Muskeln der Gebärmutter ausgestoßen wird. Durch das Absterben kleiner Schleimhautteilchen öffnen sich an der Gebärmutterinnenfläche immer wieder kleine Blutgefäße – so als ob man durch das Abtragen oberflächlicher Erdschichten eine darunterliegende Quelle zum Sprudeln bringt. Was das Mädchen dann bei seiner Monatsblutung sieht, sind festere Bestandteile (abgestorbene Schleimhaut), die im Blut schwimmen.

Cervix (Gebärmutterhals): Von der Gebärmutter aus reicht der Gebärmutterhals ein Stückchen in die Vagina hinein. Sein Ende, das man auch wegen der in seinem Zentrum vorhandenen Öffnung Muttermund nennt, ist von der Vagina aus sichtbar. Von dieser Öffnung führt ein schmaler Gang in den Hohlraum des Gebärmutterkörpers. Durch diesen Gang wird die abgestorbene Schleimhaut vom Blut und durch den Druck der Muskeln der Gebärmutter in die Vagina transportiert. Und durch diesen Gang können auch Samenzellen von der Scheide aus in die Gebärmutter gelangen.

Vagina (Scheide): Die Scheide ist normalerweise acht bis neun Zentimeter lang. Sie ist ein schlauchförmiges, sehr veränderbares Gebilde mit hügeligen Innenwänden, die dicht aneinanderliegen. Ihre Anpassungsfähigkeit und Dehnbarkeit ist so groß, daß sie einen Finger, einen Tampon, einen erigierten Penis oder sogar das Baby aufnehmen kann, wenn es geboren wird.

Periode

In der Umgangssprache sagt man, daß ein Mädchen seine «Tage» oder «Regel» hat. Dazu sagt man auch Monats- oder Regelblutung. Der Fachausdruck für die Monatsblutung ist Menstruation. Die Zeit vom ersten Tag der Menstruation bis zur nächsten Menstruation nennt man Menstruationszyklus. Ein anderer Begriff für Menstruationszyklus ist Periode (Zeitabschnitt). Menstruation kommt von dem lateinischen Wort *mensis* (Monat) – ein recht irreführender Begriff, weil nur bei sehr wenigen Frauen die Periode regelmäßig einen Monat oder 28 Tage dauert.

Wenn der Reifungsprozeß eines Mädchens abgeschlossen ist, reift jeden Monat in dem einen oder anderen Eierstock eine Eizelle ein paar Tage nach der Regelblutung heran. Der ganze Menstruationszyklus wiederholt sich so regelmäßig. Anfangs müssen Mädchen oft Monate, manchmal sogar ein bis zwei Jahre warten, bis die Monatsblutung regelmäßig kommt.

Der Menstruationszyklus der meisten Frauen dauert etwa 25 bis 35 Tage. Aber es gibt viele Gründe, warum die Menstruation auch mal früher oder später kommen kann oder vielleicht sogar ganz ausbleibt. Die Schwangerschaft kann ein Grund sein, weil während der Schwangerschaft Hormone produziert werden, die verhindern, daß weitere Eizellen heranreifen; andere Gründe können sein: Krankheit, Stress, Angst vor Schwangerschaft, Klimawechsel oder sonstige größere Veränderungen im Alltagsleben.

30

Die Regelblutung kann zwei bis acht Tage dauern. Manche Mädchen haben ihre Menstruation sehr stark, andere verlieren dagegen weniger Blut.

Binde oder Tampon?

Man gebraucht Binden oder Tampons, um das Menstruationsblut aufzunehmen. Man kann aus allerlei verschiedenen Sorten wählen. Binden sind kleine Kissen aus saugfähiger Baumwolle, die man so in den Slip legen kann, daß sie sich vor dem Scheideneingang befinden. Einige haben Fäden an ihren Enden, die man an einem kleinen Gürtel befestigen kann, der um die Hüfte getragen wird; sie tragen allerdings ziemlich auf. Aber es gibt heutzutage auch andere, die so klein und fest sind, daß man sie sogar in einem Bikini nicht sehen kann.
Viele Mädchen meinen, daß Tampons angenehmer zu tragen sind. Das sind kleine, fingerdicke Wattebäusche aus saugfähiger Baumwolle. Sie werden in die Vagina eingeführt, wo sie sich auf Grund der Feuchtigkeit ausdehnen und sich so an die Größe der Scheide anpassen, daß sie das abfließende Blut aufnehmen können.
Wenn bei einem Mädchen das Jungfernhäutchen noch vorhanden ist, mag es ihr sehr schwer erscheinen, einen Tampon einzuführen. Aber viele Hymen haben eine so große Öffnung in der Mitte, daß dies ohne Komplikationen möglich ist. Es kann ein bißchen weh tun, falls das Hymen während des Einführens des Tampons einreißen sollte. Aber es ist nur ein kurzer, scharfer Schmerz, der schnell vorübergeht.
Wenn es schwierig ist, einen Tampon zu benutzen, ist es vielleicht besser zu warten, bis die Menstruationsblutung vorbei ist; man kann dann mit einem Spiegel genau herausfinden, wie man es machen muß. Ein anderer Tip: Man kann den Tampon mit einer sterilen Feuchtigkeitscreme, die man in der Drogerie oder beim Apotheker bekommen kann, bestreichen; so kann er leichter eingeführt werden.
Das Herausholen des Tampons kann manchmal Probleme bereiten. Der Tampon hat einen kleinen Faden an seinem Ende,

der aus der Scheide heraushängt. Man stellt sich am besten breitbeinig mit einem Fuß auf einen Stuhl und zieht ihn dann mit einem sanften Ruck heraus. Wenn man den Faden nicht finden kann und glaubt, daß der Tampon in der Scheide verschwunden ist, kann man ohne weiteres zwei Finger in die Scheide stecken, um ihn herauszuholen. Geratet nicht in Panik, wenn es immer noch nicht gelingt. Aber laßt ihn auf keinem Fall drin – denn er kann eine Entzündung hervorrufen. Falls ihr nicht einen Freund, eine Freundin oder eure Mutter bitten könnt, geht zum Arzt oder zur Ärztin und laßt ihn herausholen. Das mag ein wenig dramatisch klingen, aber Ärzte haben gar nicht so selten damit zu tun.

Tampons gibt es in verschiedenen Größen. Nehmt den, mit dem ihr euch am wohlsten fühlt. Eine Sorte (Tampax) hat Pappröhrchen, die bei der Benutzung helfen können. Das Röhrchen kann man wegwerfen, nachdem man mit seiner Hilfe den Tampon in die Scheide gedrückt hat. Es gibt auch noch kleinere Tampons ohne Pappröhrchen (z. B. ob). Binden und Tampons müssen regelmäßig gewechselt werden – mehrmals am Tag, je nachdem, wie stark die Monatsblutung ist. Menstruationsblut riecht kaum. Erst wenn es an die Luft kommt, kann es nach einer Weile unangenehm riechen, so daß es auch darum empfehlenswert ist, die Binden oder Tampons häufiger zu wechseln.

An Tampons ist noch angenehm, daß man sie in die Toilette werfen kann. Das geht bei manchen Binden zwar auch, aber häufig verstopfen sie die Abflüsse. Sie müssen daher eingepackt und weggeworfen werden.

Wie man sich während der Menstruation fühlt

Die erste Regelblutung kann ein großes Erlebnis für ein Mädchen sein. Es weiß nun, daß sein Körper reif ist und daß es in der Lage sein wird, sich fortzupflanzen. Aber es kann auch eine beunruhigende Erfahrung sein, besonders dann, wenn ihm noch niemand erklärt hat, was in seinem Körper geschieht. Nur wenige Menschen finden es leicht, über die Menstruation offen zu sprechen. Vielleicht werden deswegen so viele Wörter zur Umschreibung benutzt, zum Beispiel: seine Tage haben, sich unpäßlich fühlen, Bauchweh oder Kopfschmerzen haben. In früheren Zeiten glaubte man manchmal, daß eine Frau, die gerade ihre Regelblutung hat, über magische Kräfte verfüge. Aber viel häufiger vermittelte man ihr, daß sie sich schmutzig, unsauber oder unglücklich zu fühlen hätte. Und noch weitaus schlimmer – man beschuldigte sie, die Ernte zu ruinieren oder daran schuld zu sein, daß Kälber tot geboren wurden. Was Wunder, wenn in England die Menstruation sogar *the curse* (der Fluch) genannt wird!

Um die Menstruation herum gibt es noch eine Menge Tabus. Bis vor kurzem wurde kaum Werbung für Binden gemacht, in den Verkaufsläden werden sie versteckt gehalten und beim Verkauf extra in Papier eingepackt. Viele Jungen und Männer finden den Gedanken an die Menstruation so abstoßend, daß sie mit ihrer Partnerin sexuell nicht zusammen sein wollen, wenn sie gerade ihre Regelblutung hat. Manche Mädchen mögen nicht einmal mit ihrem Partner oder ihren Eltern darüber reden, selbst wenn sie sich während der Menstruation sehr schlecht und krank fühlen.

Es gibt keinen Grund, warum ein Mädchen, daß seine Menstruation hat, sexuell nicht verkehren sollte – wenn sie es möchte. In Wirklichkeit kann die sexuelle Entspannung sogar dazu beitragen, gelegentliche Krämpfe zu mindern.

Mädchen und Frauen reagieren auf ihre Menstruation sehr unterschiedlich. Einige Mädchen bemerken sie kaum. Andere fühlen sich mürrisch, irritiert oder bekommen starke Schmerzen. Es gibt verschiedene Arten von Schmerzen, die durch die Menstruation verursacht werden können. Einige leiden unter einem andauernden ziehenden Schmerz, der schon einige Tage vor der Menstruation beginnen kann. Andere spüren schärfere, krampfähnliche Schmerzanfälle während der Menstruation. Besonders Mädchen mit unregelmäßigen Perioden leiden unter diesen Schmerzen. Die Schmerzen gehen oft weg, wenn man älter wird und die Perioden regelmäßiger werden.

Ein Mädchen, das während der Menstruation Schmerzen hat oder sich niedergedrückt fühlt, kann weder das Gefühl gebrauchen, daß die anderen um sie herum sich abgestoßen oder unangenehm berührt fühlen, noch hilft es ihr, daß völlig ignoriert wird, was in ihrem Körper geschieht. Was sie braucht, ist Verständnis für ihre Situation. Niemand kann leugnen, daß die Menstruation manchmal lästig, unangenehm oder schmerzhaft ist; aber sie ist ein natürlicher Bestandteil des weiblichen Lebens.

Fortpflanzungsorgane – Jungen

Hoden: Im Skrotum (Hodensack) gibt es zwei Drüsen, die man Hoden (Eier) nennt. Der Hoden ist in mehrere Abschnitte gegliedert, die viele, sehr lange und enge Röhren enthalten. In diesen Röhren oder Gängen werden die Samenzellen produziert, wenn ein Junge die Pubertät erreicht. Zur gleichen Zeit werden im Hoden auch die männlichen Sexualhormone gebildet. Wenn das Sperma produziert ist, wird es aus jedem Hoden heraus in einen Nebenhoden transportiert.

Nebenhoden: Diese Organe liegen wie Kappen auf den beiden Hoden. Sie enthalten größere Gänge und Röhren. In ihnen wird das Sperma so lange gespeichert, bis es zur Ejakulation (Samenerguß) kommt. Beim Samenerguß wird der Samen aus den Nebenhoden durch die Samenleiter und die Harnröhre nach außen transportiert. Das geschieht durch einen Reflex, der die Samenleiter an- und abschwellen läßt – ähnlich wie eine sich öffnende und wieder schließende Hand.

Samenleiter: Das sind zwei enge Röhren, die man mit einem Fachausdruck auch als *vas deferens* bezeichnet. Sie beginnen an den Nebenhoden und führen zur Prostata (Vorsteherdrüse).

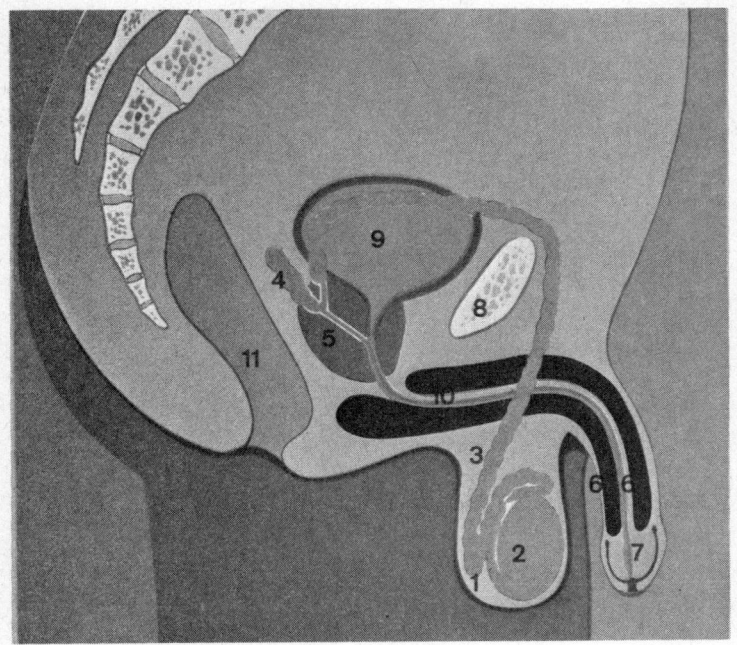

Sexualorgane des Jungen
1 Nebenhoden; 2 Hoden; 3 Samenleiter; 4 Samenbläschen; 5 Vorsteherdrüse; 6 Penis (Schwellkörper); 7 Penis (Eichel); 8 Schambein; 9 Blase; 10 Harnröhre; 11 Darm

Prostata (Vorsteherdrüse): Sie liegt im Unterbauch eines Jungen ungefähr an der Stelle, wo bei Mädchen die Gebärmutter sitzt. Sie hat die Form einer Kastanie, bildet Hormone und auch einen Teil der Samenflüssigkeit. Samenflüssigkeit wird auch in den Samenbläschen gebildet, die sich am Ende der Samenleiter kurz vor dem Übergang in die Prostata befinden. Sie sehen aus wie Ausstülpungen der Samenleiter und bilden ein sehr nährstoffhaltiges Sekret. Wenn der Junge einen Samenerguß hat, vermischt sich der Samen, der in den Nebenhoden gespeichert wird, mit der Flüssigkeit aus den Samenbläschen und der Vorsteherdrüse. Diese Mischung, man

35

nennt sie Sperma, gelangt dann durch die Harnröhre nach draußen.

Urethra (Harnröhre): Diese Röhre führt durch die Mitte des Penis. Das Sperma wird durch die Harnröhre hindurch in vier bis fünf Spritzern aus der Öffnung des Penis herausgeschleudert. Diesen Vorgang nennt man Ejakulation oder Samenerguß.

In der Prostata teilt sich die Harnröhre. Einerseits geht sie über in zwei Gänge, die, wie oben beschrieben, als Samenleiter zu den Nebenhoden ziehen. Ein anderer Gang geht nach oben zur Blase, wo der Urin gesammelt wird. An dieser Abzweigung gibt es ein feines Muskelsystem, welches verhindert, daß Urin und Samenflüssigkeit miteinander vermischt werden.

Wer bin ich?

Sexuelle Identität

Grob gesehen ähneln sich die Sexualorgane der Mädchen in ihrem Aussehen. Genauso ist es bei den Jungen. Aber es ist einleuchtend, daß sich zwei Menschen nie ganz gleichen können – ebensowenig, wie sie sich niemals zur gleichen Zeit oder in derselben Art entwickeln. Aber unsere Gesellschaft versucht, uns glauben zu machen, daß wir uns zu ganz klar abgrenzbaren Gruppen zugehörig fühlen müssen. Viele Menschen neigen dazu, sich gegenseitig danach zu beurteilen, was die Gesellschaft für «normal» hält. So gilt es beispielsweise als «normal», daß Mädchen und Jungen gegensätzliches Sexualverhalten haben. Mädchen sollen lernen, sich Jungen gegenüber weich und passiv zu verhalten, während Jungen Mädchen gegenüber hart und aggressiv sein sollen.

Viele Menschen bei uns glauben, daß es «unweiblich» für ein Mädchen sei, einen Jungen um eine Verabredung zu bitten oder ihm zu gestehen, daß es Freude an der Sexualität hat. Und bei einem Jungen wird es als «unmännlich» angesehen, wenn er Spaß am Ballett hat oder wenn er seine Freundin Getränke in einer Gaststätte bestellen läßt. So werden Mädchen und Jungen nach ganz bestimmten geschlechtstypischen Normen und Regeln erzogen. Vergessen wird dabei, daß man Menschen unglücklich machen kann, wenn man von ihnen erwartet, daß sie sich allein wegen ihrer Geschlechtszugehörigkeit in einer ganz bestimmten Art verhalten sollen.

Von einem Jungen beispielsweise wird oft erwartet, daß er ein Draufgänger ist und während seiner Jugend möglichst viele sexuelle Erfahrungen sammelt. Andererseits sollen sich Mädchen für den Mann «bewahren», den sie einmal heiraten werden. Ihr könnt leicht sehen, wie unfair diese festen Rollenzuteilungen für diejenigen Mädchen und Jungen sind, die nicht ganz genau dem Bild von einem sogenannten «perfekten» Mädchen oder Jungen entsprechen wollen. So merken Mädchen, die Fußball spielen möchten oder nach dem Schulabschluß beispielsweise Handwerker werden wollen, daß man sie für sonderbar oder männlich hält. Und Jungen, die weinen, wenn sie traurig sind, oder die Krankenpfleger werden möchten, wirft man vor, «weibisch» zu sein.

Das, was in der öffentlichen Meinung für weiblich oder männlich gehalten wird, bestimmt auch unsere Ansichten über Sexualität. Es wird ganz selbstverständlich angenommen, daß nur Frauen und Männer sich gegenseitig anziehen. Das stimmt auch für die Mehrzahl der Menschen – mit anderen Worten: die meisten Menschen sind heterosexuell. Aber das trifft nicht für jeden zu. So werden Homosexuelle vom gleichen Geschlecht und Bisexuelle von beiden Geschlechtern angezogen. Und es gibt auch Menschen, die sich sexuell zu niemandem hingezogen fühlen – die ein Leben ohne sexuelle Beziehungen vorziehen. Man kann nicht sagen, daß diese Menschen «anormal» sind, oder ihre Sexualität «unnatürlich» ist, nur weil sie zu einer Minderheit gehören.

Es gibt eine Menge Theorien darüber, warum einige unter uns heterosexuell, andere aber homosexuell oder bisexuell sind; aber keine dieser Theorien ist sehr befriedigend. Manche Wissenschaftler glauben, daß es etwas mit den Hormonen zu tun hat. Andere denken, daß die Erziehung – zum Beispiel die Rolle des Vaters oder der Mutter – ausschlaggebend ist. Es gibt auch noch andere Auffassungen darüber, aber keine hat bisher eindeutig erklären können, warum jemand hetero- oder homosexuell wird.

Es gab Zeiten, in denen man überhaupt nichts dabei fand, wenn Menschen homosexuell oder bisexuell waren, und es gibt auch heute noch Gesellschaften, in denen Homosexualität und Bisexualität völlig akzeptiert werden. Aber bei uns ist es heute schwer, anders als heterosexuell zu sein, weil unsere

Gesellschaft dazu neigt, jeden, der es nicht ist, als anormal zu behandeln. In den angelsächsischen Ländern, teilweise auch schon bei uns, nennen sich viele Homosexuelle Gays (*gay* = lustig, lebhaft); nicht weil sie immer glücklich sind – aber sie sind zufrieden, sich als homosexuell erkannt zu haben, und sie wissen, daß man sich deshalb nicht zu schämen braucht. Aber viele nennen sie trotzdem weiterhin Homos, warme Brüder, Schwule, Arschficker oder Tunten und geben ihnen zahllose grausame und beleidigende Namen. Und bei den Namen bleibt es nicht – sie werden auf vielerlei Art und Weise verletzend behandelt.

Es sollte jedem selbst überlassen bleiben, wie er sich sexuell erfreut. Fast jeder von uns würde es wahrscheinlich selbstverständlich und natürlich finden, eine homosexuelle Beziehung zu haben, wenn er sich vorstellt, er würde auf einer einsamen Insel landen und nur einen einzigen Menschen des gleichen Geschlechts vorfinden. Wenn man die Menschen nur ihren eigenen Instinkten und Gefühlen überlassen würde, dann fänden die meisten heraus, daß sie bisexuell sind und Männer und Frauen mögen. Aber gesellschaftliche Einflüsse bewirken, daß wir diese natürlichen Gefühle zurückhalten. Dadurch wird es für manche Menschen sehr schwierig herauszufinden, wo ihre sexuellen Neigungen liegen. Es kann sehr verwirren und unglücklich machen, wenn diese Neigungen unterdrückt werden.

Weder Hetero- noch Homosexualität ist so etwas wie eine gefährliche Droge, der man das ganze Leben lang unterworfen ist. Viele Frauen und Männer, die sich nicht als homosexuell bezeichnen würden, haben irgendwann in ihrem Leben homosexuelle Erfahrungen gemacht. Einige Mädchen und Jungen suchen erst sexuelle Erlebnisse mit dem eigenen Geschlecht, bevor sie eine Verbindung mit dem anderen eingehen. Es ist ganz sicher, daß viele unter uns während der Pubertät mehr Zeit und mehr Gefühle für das eigene als für das andere Geschlecht aufbringen. Wenn wir sexuelle Erfahrungen mit dem gleichen Geschlecht machen, so schadet uns das

Zeichnung: Erich Rauschenbach

genausowenig, wie wenn wir andersgeschlechtliche Erfahrungen machen und trotzdem am Ende herausfinden, daß wir homosexuell sind. – Es kommt darauf an zu erkennen, daß wir alle unterschiedliche sexuelle Neigungen und Vorlieben haben – und einer Minderheit zuzugehören, macht niemanden von uns «anormal» oder schlecht.

Homosexualität

Ein homosexueller Mensch ist eine Frau oder ein Mann, der sich vom gleichen Geschlecht angezogen fühlt – eine Frau bevorzugt also Frauen, und ein Mann zieht Männer vor. Die Frauen nennt man bei uns lesbisch und die Männer homosexuell. Ungefähr jeder zwanzigste unter uns ist homosexuell, obgleich das dem Betreffenden vielleicht nicht immer selbst bewußt ist. Das bedeutet, daß über zwei Millionen Menschen beiderlei Geschlechts in der Bundesrepublik Deutschland homosexuell sind.

Entsprechend der Neigung vieler Menschen, andere in bestimmte Kategorien einzuordnen, wird von homosexuellen Männern erwartet, daß sie alle zart und feingliedrig sind, mit hoher Stimme und runden Hüften und sich «wie Frauen» verhalten. Lesbierinnen stellt man sich hart und grob, mit barschen Stimmen, strengem Haarschnitt, männlicher Kleidung und «männlichem Verhalten» vor. Wie man sich irren kann! Natürlich entsprechen einige Homosexuelle genau diesem Bild – genauso wie es heterosexuelle Frauen und Männer gibt, die ein ganz bestimmtes Rollenverhalten entwickelt haben. Aber die Art und Weise, wie Leute aussehen oder sich anziehen, muß nicht unbedingt etwas mit ihrer Sexualität zu tun haben. Es gibt keine gesellschaftliche Gruppe, die nicht ihren Anteil an Homosexuellen hat – gleichgültig, ob es sich um Angestellte, Arbeiter, Popstars, Politiker oder Lehrer handelt. Aber weil Homosexuelle in einigen Berufsgruppen als weniger auffällig betrachtet werden, suchen sich zweifellos viele

Homosexuelle solche Jobs, wo sie Kollegen finden, die sie nicht in erster Linie als «Schwule» ansehen.

In bezug auf ihre Sexualität haben Homosexuelle die gleichen Beziehungen wie Heterosexuelle. Sie sind also aus Lust oder Neugier mit einem anderen sexuell zusammen, aus Freundschaft oder aus Liebe. Sie erfreuen andere und empfinden selbst Lust und Befriedigung durch Küssen und Schmusen oder durch gegenseitiges Streicheln ihrer Geschlechtsteile – genauso wie Heterosexuelle. Einige, aber nicht alle, männliche Homosexuelle haben Analverkehr (wobei der Penis in den Anus, also den Schließmuskel, eingeführt wird), genauso wie dies einige heterosexuelle Paare tun.

In den vergangenen Jahrhunderten sind männliche Homosexuelle unmenschlich behandelt worden. Bis zur Strafrechtsreform von 1969 und 1973 galten homosexuelle Handlungen unter Männern über achtzehn Jahre als ungesetzlich und damit strafbar. Homosexuelle Beziehungen zwischen erwachsenen Männern und Minderjährigen sind auch heute noch nach dem § 175 des Strafgesetzbuchs strafbar. Lesbische Beziehungen waren auch vorher nicht unter Strafe gestellt – was nicht heißen soll, daß es für Frauen leichter war, sich ihre Liebe öffentlich zu zeigen. Es ist immer noch unmöglich für Homosexuelle zu heiraten, und erst seit kurzem dürfen Lesbierinnen Kinder adoptieren oder durch künstliche Befruchtung austragen. Männliche Homosexuelle müssen immer noch um das Recht der Adoption kämpfen. Viele Leute denken, daß homosexuelle Männer ausschweifend lieben und ihren Partner so oft wie ihr Hemd wechseln. Das mag ein Grund sein, warum man in unserer Gesellschaft irritiert auf den Gedanken reagiert, daß Homosexuelle heiraten und Kinder adoptieren können. Auch dies zeigt, daß Homosexuelle in unserer Gesellschaft immer noch benachteiligt werden; die moralischen Auffassungen über sie ändern sich erst allmählich.

Es gibt eine Menge weiblicher und männlicher homosexueller Beziehungen, die jahrelang oder sogar ein Leben lang dauern. Einige sind kürzer, aber das gibt es in heterosexuellen Beziehungen genauso. Vorurteile ändern sich nur langsam, und es gibt immer noch viel zuviele Menschen, die Homosexuelle als verdorbene Perverse behandeln, die eigentlich ins Gefängnis müßten oder zumindest krank sind und eine Therapie brauchen.

Es ist heute zwar leichter für Homosexuelle als früher, sich ihre gleichgeschlechtlichen Neigungen einzugestehen, aber für viele ist das immer noch sehr problematisch. Einige Homosexuelle fühlen sich beispielsweise durch die Reaktion der Öffentlichkeit auf ihre gleichgeschlechtlichen Neigungen in einer solchen Zwangslage, daß sie sich selbst verleugnen und einen andersgeschlechtlichen Partner heiraten, in der Hoffnung, dadurch kuriert zu werden. Das endet dann oft so, daß die Situation noch auswegsloser wird und daß sie darüber hinaus auch noch ihren Partner unglücklich machen. Homosexualität ist keine Krankheit – sie ist ganz einfach eine Neigung, die sich auf das gleiche Geschlecht richtet.

Wenn ihr entdeckt, daß ihr homosexuell seid oder es vielleicht sein könntet, so mag das möglicherweise einen Schock hervorrufen. Das kommt daher, daß die Gesellschaft euch einge-

bleut hat, daß es anormal ist, homosexuell zu sein. Die gesetzliche Situation für Homosexuelle wird auf Seite 175 f erklärt. Falls ihr homosexuell seid oder glaubt es zu sein und Hilfe, moralische Unterstützung oder ganz einfach nur Rat wollt, wendet euch an die Organisationen, die im Anhang genannt sind.

Bisexualität

Bisexuell nennt man jemanden, der sich von beiden Geschlechtern angezogen fühlt und sexuell mit Frauen und Männern verkehrt. Viele Menschen fühlen sich gelegentlich vom gleichen Geschlecht angezogen – obgleich nicht jeder bereit ist, dieses zuzugeben. Aber nicht jeder, gleichgültig ob homosexuell, heterosexuell oder bisexuell möchte unbedingt mit jedem, den er mag, eine sexuelle Beziehung haben.
Menschen, die merken, daß sie bisexuell sind, oder zumindest glauben, es zu sein, fühlen sich meist sehr beunruhigt, weil es

für sie manchmal so ist, als ob sie nirgendwo richtig hingehören und so vielleicht von allen zurückgewiesen werden. In Wirklichkeit gibt es gar keine klar definierte Zugehörigkeit zu einem Geschlecht, und niemand sollte sich gezwungen fühlen zu leben, als ob er in einer Schublade abgelegt wäre mit der Aufschrift «Mann» oder «Frau». – Falls du glaubst, bisexuell zu sein und Hilfe, moralische Unterstützung oder Rat brauchst, setze dich mit einer der Organisationen in Verbindung, die im Anhang genannt sind.

Masturbation

Es gibt viele Bezeichnungen für das Masturbieren, zum Beispiel: onanieren, sich selbst befriedigen; bei Männern heißt es auch, sich einen runterholen, sich einen Abgang verschaffen oder wichsen. Ganz allgemein bedeutet masturbieren, daß man die Klitoris oder den Penis reibt – gewöhnlich, aber nicht immer, mit der Hand – um sich so sexuell zu erregen und dadurch auch manchmal zum Orgasmus zu kommen. Das gibt euch ein angenehmes Gefühl, außerdem ist es ein Weg, um herauszufinden, wie euer Körper auf sexuelle Erregung reagiert.

Welche sexuellen Empfindungen löst das Onanieren bei Mädchen aus? Verkürzt beschrieben läuft etwa folgendes ab: durch das Streicheln ihrer Klitoris wird ein Mädchen sexuell erregt; wenn sie den höchsten Punkt ihrer Erregung erreicht hat, fühlt sie, wie sich die Empfindungen an ihren Sexualorganen auf den ganzen Körper übertragen. Anders als ein Junge produziert sie keine Flüssigkeit, die herausspritzt; aber durch ein Sekret, das aus den Wänden der Scheide sickert, wird ihre Vagina feucht, sobald sie erregt ist. Wenn sie den Höhepunkt ihrer sexuellen Erregung (Orgasmus), erreicht, ziehen sich die Muskeln der Sexualorgane zusammen, und das Gefühl von Erregung und Spannung weicht einer Empfindung von Entspannung und Befriedigung.

Ein Junge fühlt ganz ähnlich, wenn er onaniert. Er reibt seinen Schwanz und kommt auf diese Weise zum Orgasmus. Wie beim Mädchen breitet sich dieses Gefühl, ausgehend von den Sexualorganen, über den ganzen Körper aus. Auf dem Höhepunkt der Erregung kommt Samen in vier oder fünf Spritzern aus der Öffnung an der Spitze seines Schwanzes heraus. Spannung und Erregung lassen nach und weichen auch hier einem Gefühl von Entspannung und Befriedigung. Kurz darauf schlafft sein Penis ab, und auch die Muskeln seines ganzen Körpers entspannen sich.

Ammenmärchen

Sexualwissenschaftler wissen seit Jahren, daß Masturbation völlig harmlos ist; aber viele Menschen halten immer noch an dem alten Aberglauben fest, daß es eine moralisch verwerfliche oder sogar gefährliche Sache ist. Die meisten unter uns haben irgendwann einmal in ihrem Leben gehört, was Masturbation angeblich anrichten soll: sie soll blind machen, zur Verrücktheit führen, bewirken, daß man unfruchtbar wird, die Ehe zerstören, das Gehirn austrocknen, Pickel oder sogar Krebs hervorrufen oder Bauch- und Kopfschmerzen verursachen. – *Nichts* von alldem ist wahr. Es gibt keinerlei Verbindung zwischen Masturbation oder irgendeiner Art von Krankheit.

Mädchen tun das nicht . . .
Ein anderes Märchen, das über Masturbation verbreitet wird, ist, daß Mädchen so was nicht tun. Es stimmt zwar, daß mehr Jungen als Mädchen onanieren, aber das liegt nicht daran, daß Mädchen keine sexuellen Gefühle haben; vielmehr hängt das mit den Unterschieden im Körperbau und auch damit zusammen, wie Mädchen und Jungen erzogen werden. Zwar werden auch heute noch viele Jungen vom Onanieren abgehalten, aber Eltern können es ihrem Sohn nicht völlig verbieten, seinen Schwanz zu berühren, weil er ja sonst nicht pinkeln könnte. Dagegen können Eltern sehr wohl ihre Töchter völlig entmutigen, sich am Kitzler zu berühren. So erzählt man Mädchen manchmal die schlimmsten Lügen (etwa, daß ihre Sexualorgane verkümmern könnten, wenn sie sie berühren).

Dadurch glauben Mädchen in stärkerem Maße als Jungen, daß es ungezogen, falsch oder sogar gefährlich ist, wenn man sich selbst befriedigt. Natürlich lernen auch viele Mädchen im Laufe der Zeit zu onanieren, aber nicht alle; und viele bekommen immer noch große Schuldgefühle dabei. Diese Gewissensbisse können sich auf ihre ganze Einstellung zur Sexualität auswirken. – Frauen und Mädchen aller Altersstufen können an der Selbstbefriedigung genausoviel Freude und Spaß empfinden wie Männer und Jungen. Masturbation schadet niemandem, und darum sollte niemand Schuldgefühle haben oder sich deswegen irgendwelche Sorgen machen.

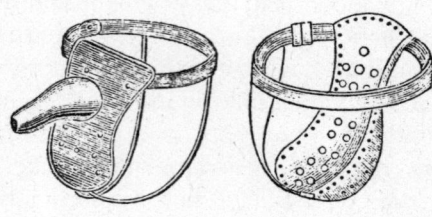

Apparate zur Verhütung der Onanie
für Knaben.   für Mädchen.

Warum gibt es diese Märchen?

In der Vergangenheit wurden Mädchen und Jungen oft sehr hart bestraft, wenn man sie beim Onanieren erwischte. Bis ins 19. Jahrhundert hinein kam es häufig vor, daß man ihre Arme schiente und seitlich festband, die Schenkel wurden mit glühenden Eisen versengt, manche Jungen wurden beschnitten (obwohl das keinen Jungen daran hinderte, weiterhin zu onanieren), und manchen Mädchen wurde sogar die Klitoris weggeschnitten. Einigen Unglücklichen in Irrenanstalten, von denen die ärztlichen Autoritäten annahmen, daß sie «zuviel» onanieren, wurde sogar der Penis abgehackt.

Der Hauptgrund für all diese Greueltaten war, daß die meisten Menschen Sexualität für verderblich hielten, wenn sie außerhalb der Ehe stattfand und nicht ausschließlich der Fortpflanzung diente. Sicherlich war dies die Meinung der in der

Mehrzahl religiös eingestellten Menschen, da sie in der Bibel einige Textstellen finden konnten, die diese Auffassung ihrer Meinung nach unterstützten. Durch Masturbation kann man nicht schwanger werden – deshalb ist es einleuchtend, daß man sie für sündhaft und unnatürlich hielt. Solche Vorurteile sind sehr langlebig. Manche Menschen, die religiös und eher traditionell konservativ denken, glauben noch heute, daß die Masturbation schlecht und unmoralisch ist. Vielleicht sind eure Eltern, eure Lehrer oder eure Ärzte ähnlich aufgewachsen und denken auch immer noch so.

Falls euer eigenes Gewissen oder euer religiöser Glaube euch sagt, daß man nur zum Zweck der Fortpflanzung vögeln sollte, dann laßt es lieber sein. Es gibt keinen Grund, etwas zu tun, von dem ihr glaubt, daß es falsch sei. Aber falls ihr dennoch onaniert und Spaß daran habt, macht euch keine Sorgen, daß es schädlich für euch sein könnte. Das ist es nicht.

Wie sich Mädchen selbst befriedigen

Es gibt keine «richtige» oder «falsche» Art und Weise, wie man sich selbst befriedigt. Da es so viele verschiedene Möglichkeiten gibt, ist es unmöglich, alle zu nennen. Die meisten Mädchen streicheln mit einem oder mehreren Fingern oder mit der ganzen Hand zart und rhythmisch über die Klitoris, bis sie den Orgasmus erreichen. Oder sie reiben die ganze Schamgegend, vielleicht sogar mit beiden Händen, um einen größeren Druck zu erzeugen. Wenn die Klitoris noch trocken ist, kann das manchmal ein wenig unangenehm sein. Man kann dann ein bißchen Flüssigkeit aus der Scheide, Spucke oder irgendeine Creme nehmen.

Einige Mädchen finden heraus, daß sie einen Orgasmus erreichen können, indem sie die Muskeln in der Scheide anspannen. Dazu braucht es ein bißchen Übung – wenn ihr nicht wißt, wo diese Muskeln sind oder wie man sie zusammenziehen kann, könnt ihr die folgende Übung versuchen: Wenn ihr pinkeln müßt, spannt die Muskeln in der Scheidengegend an, um so den Urin ein Weilchen zurückzuhalten. Wenn ihr dann herausgefunden habt, wo sich diese Muskeln befinden, könnt ihr sie jederzeit zusammenzuziehen und entspannen – und niemandem wird es auffallen.

Man kann sich auch selbst befriedigen, indem man ein Kissen, Laken oder Handtuch über der Klitoris hin- und herreibt. Manche mögen es, einen oder zwei Finger in die Vagina oder den Anus zu stecken, weil sich während des Orgasmus die Muskeln in diesen beiden Organen krampfartig zusammenziehen. Man kann auch einen Orgasmus erreichen, wenn man die Klitoris oder die Vagina mit dem Strahl der Dusche reizt. Manche Mädchen haben es so beim Waschen gelernt, weil man ihnen gesagt hat, daß sie sich an diesen Stellen niemals selbst streicheln oder berühren dürfen. Vielleicht kann die eine oder andere unter euch auch einen Orgasmus dadurch erreichen, daß sie ihre Brustwarzen oder eine Brustwarze und die Klitoris gleichzeitig streichelt, oder indem sie die Beine fest zusammenpreßt und aneinanderreibt.

Manche Frauen benutzen auch Vibratoren, Massagegeräte oder künstliche Geräte aus Gummi oder Plastik, die wie ein Penis aussehen. Viele dieser Geräte werden durch Batterien oder Strom angetrieben, so daß sie leicht vibrieren. Man kann sie zart über die Klitoris und die anderen äußeren Sexualorgane führen oder in die Scheide hineinstecken. Sie sind oft ziemlich teuer, und manchmal gibt es auch etwas Billigeres bei euch Zuhause, das den gleichen Zweck erfüllt. Selbstverständlich solltet ihr nichts benutzen, das die zarte Haut der Sexualorgane schädigen oder gar verletzen könnte. Aber niemand sollte ein schlechtes Gewissen haben, weil er etwas anderes als seine Finger benutzt.

Es ist ganz unterschiedlich, wie lange man masturbiert. Viel hängt davon ab, wie lange man braucht, um in die richtige Stimmung zu kommen. Das kann ein bis zwei Minuten dauern oder auch eine Stunde und länger. Viele Mädchen brauchen lange Zeit, um zu lernen, wie man einen Orgasmus erreicht.

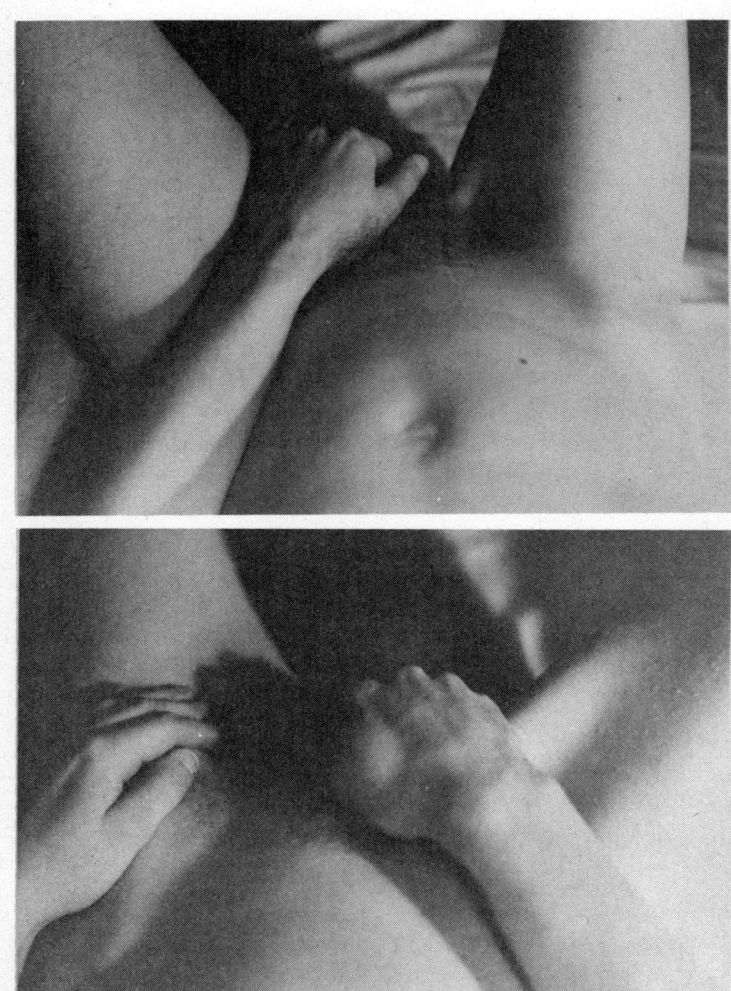

Gleichgültig, ob sie ihn erreichen, die meisten Mädchen finden das Masturbieren erregend und lustvoll.

Wie sich Jungen selbst befriedigen

Auch hier gibt es verschiedene Möglichkeiten. Man kann den Penis mit der Faust fest umgreifen und die Hand schnell hin- und herbewegen, bis es zur Erregung kommt. Ein Junge, der nicht beschnitten ist, mag es als reizvoll empfinden, die Vorhaut über der Eichel hin- und herzuziehen. Manche Jungen bevorzugen eine zartere Methode, indem sie die Eichel mit ihren Fingerspitzen streicheln. Andere befriedigen sich selbst, ohne überhaupt ihre Hände zu benutzen – sie legen sich auf den Bauch und bewegen ihren Körper hin und her, so daß der Penis gegen die Unterlage gerieben wird. Wieder andere haben herausgefunden, daß ihr Vergnügen gesteigert wird, wenn sie einen Finger in den Anus stecken. Es ist nicht empfehlenswert, etwas in die Öffnung des Glieds zu tun, weil die zarte Haut verletzt werden oder eine Infektion entstehen kann. Es gibt auch Jungen, die ihren Schwanz in das harte Innenteil einer Toilettenpapierrolle stecken; oder sie benutzen Butter, Öl oder Seifenwasser, um den Penis glitschig und schlüpfrig zu machen. Es gibt wahrscheinlich nichts, was nicht schon irgendwann einmal von irgend jemandem ausprobiert worden ist. Viele Jungen haben sicherlich auch schon einmal versucht, an ihrem Penis zu saugen – aber die meisten finden bald heraus, daß dies wohl eher etwas für Fakire ist.

Was spricht für Selbstbefriedigung?

Ohne Zweifel kann sie entspannen. Viele Sportler trauen sich nicht, vor einem Spiel oder einem Rennen zu masturbieren, um nicht die Spannung zu verlieren. Das hat wahrscheinlich mit dem Ammenmärchen zu tun, daß Selbstbefriedigung

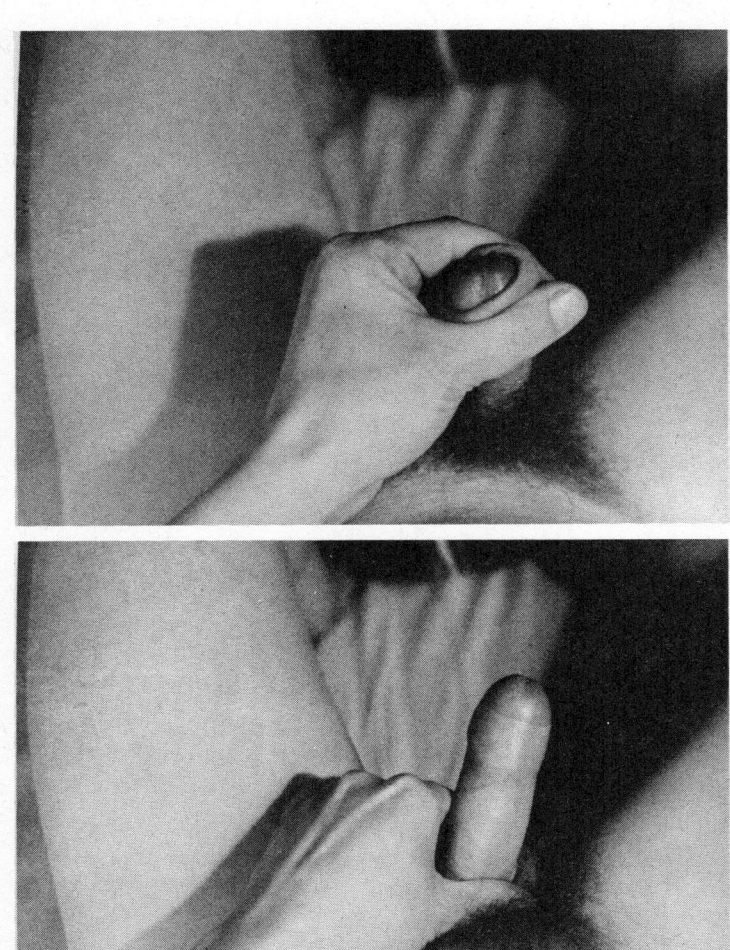

53

schlecht sei und euren Körper schwächen könnte, indem sie den «Lebenssaft» (was immer das sein mag) aussaugt. Andere Athleten sagen dagegen, daß sie gerade dann ihre beste Leistung erbringen, wenn sie kurz vorher einen Orgasmus hatten. Es hängt davon ab, ob ihr zu den Menschen gehört, die Spannung oder Entspannung benötigen, bevor sie etwas leisten. Der Kraftaufwand, den ihr beim Masturbieren braucht, ist in etwa der gleiche, den man aufwenden muß, um eine Treppenflucht hinaufzulaufen; und niemand hat wohl bisher einem Sportler geraten, vor einem Wettkampf bewegungslos an einem Platz zu verharren.

Weiterhin spricht für die Selbstbefriedigung, daß sie euch hilft, euren eigenen Körper kennenzulernen. In einer Zweierbeziehung kann es dann viel leichter sein, auch den Partner mit dem eigenen Körper bekannt zu machen. Selbsbefriedigung ist eine Möglichkeit, sich selbst sexuelle Freude zu verschaffen, wenn man gerade nicht mit einem anderen vögeln kann, vielleicht auch nicht möchte. Selbstbefriedigung kann auch manche belastende Probleme verringern oder zumindest zeitweise vergessen lassen. Deswegen masturbieren manche Menschen, die Sorgen und Nöte haben, ziemlich häufig. Ihr könnt nicht «zuviel» masturbieren, aber das Wichsen kann auch kaum nichtsexuelle Probleme lösen. Und wenn ihr euch die ganze Zeit nur selbst befriedigt und nichts anderes tut, als nur daran zu denken, hindert euch das ganz bestimmt, nach anderen Lösungsmöglichkeiten zu suchen.

Üblicherweise ist Selbstbefriedigung eine private Sache, nichtsdestoweniger machen es manche Mädchen und Jungen gelegentlich auch ganz gern einmal in einer Gruppe. Wenn ihr das gern habt, gibt es keinen Grund, der dagegen spricht. – Falls ihr es vorzieht, wie die meisten Menschen, allein zu wichsen, werdet ihr wohl manchmal fürchten, von euren Eltern oder sonst jemandem, der es nicht erfahren sollte, entdeckt zu werden. Wenn es dennoch passiert und derjenige dann ganz erschreckt dreinblickt, versucht herauszufinden, warum er so reagiert. Es mag sein, daß er die Selbstbefriedigung ganz und gar ablehnt – in diesem Fall müßt ihr euch künftig einen geschützteren Platz suchen. Oder er ist ganz einfach nur erschrocken, weil er glaubt, daß es euch etwas ausmacht, dabei entdeckt zu werden.

Selbstbefriedigung kann großen Spaß machen. Viele Frauen meinen sogar, daß der Orgasmus bei der Selbstbefriedigung intensiver ist, als wenn sie Geschlechtsverkehr haben. Manche Leute masturbieren auch, weil sie Angst vor einer Partnerbeziehung haben. Auf jeden Fall sollte niemand denken, daß man durch die Masturbation verlernen könnte, sexuelle Befriedigung mit einem anderen zu erreichen. Jede sexuelle Erfahrung, gleichgültig ob mit einem Partner oder allein, ist anders. Glaubt nicht an das Märchen, daß ihr nie eine gute Partnerbeziehung erreichen werdet, weil ihr masturbiert – all dies ist ganz einfach nicht wahr.

Gelegentlich meinen Leute, daß Selbstbefriedigung nur eine armselige Ersatzbefriedigung sei. Vielleicht kommt das daher, weil manchmal jemand, der nur herumgammelt und sich ausschließlich mit unwichtigen Dingen beschäftigt, als «ein Wichser» bezeichnet wird. Aber auch das Wichsen kann sehr viel Spaß machen. Und es ist ein genauso guter Weg wie jeder andere, sexuelle Lust und Befriedigung zu erreichen und zu lernen, den eigenen Körper zu lieben. Am wichtigsten ist, daß ihr nicht masturbiert, wenn ihr es nicht wollt. Manche Mädchen und Jungen haben nie den Wunsch danach. Das bedeutet nicht, daß sie niemals Freude an der Sexualität haben könnten. Verschiedene Menschen haben verschiedene Bedürfnisse zu verschiedenen Zeiten. Niemand sollte sich denken, er müßte sich sexuell betätigen, nur weil er glaubt, jemand anderes täte es auch gerade. Macht es lieber nur dann, wenn ihr wißt warum, wann und wie ihr es wollt.

Orgasmus

Die Ausdrücke «es kommt» oder «es kommt mir» werden häufig gebraucht, um einen Orgasmus oder einen Höhepunkt zu bezeichnen. Man kann einen Orgasmus sowohl durch Selbstbefriedigung erreichen wie auch dadurch, daß man mit einem anderen sexuell zusammen ist. Körperlich geschieht bei Mädchen und Jungen in etwa das gleiche, auch wenn die Gefühle und Empfindungen dabei oft unterschiedlich sind – sowohl von Zeit zu Zeit wie auch von Person zu Person. Es kann damit beginnen, daß wir in eine erotische Stimmung kommen, und unser Körper sich darauf einstellt, mit jemandem sexuell zusammen zu sein. Die sexuelle Erregung nimmt zu, und auf dem Höhepunkt spannen und entspannen sich die Sexualorgane mehrmals hintereinander, so daß anschließend ein Gefühl des Gelöstseins und sexueller Befriedigung durch den ganzen Körper zieht.

Die meisten Jungen wissen, was ein Orgasmus ist, schon bevor sie das erste Mal mit jemandem zusammen waren, weil die Selbstbefriedigung ein normaler Teil ihres Lebens ist. Und man kann es deutlich sehen, wenn es einem Jungen «kommt» – Samenflüssigkeit spritzt aus seinem Penis. Wann es einem Mädchen «kommt», ist weniger leicht zu sagen – denn solche deutlichen Körperzeichen wie bei Jungen gibt es bei Mädchen nicht. Wo in Büchern versucht worden ist, den weiblichen Orgasmus zu beschreiben, findet man oft sehr blumenreiche und pathetische Ausdrücke: Stürme der Leidenschaft schütteln dich, du empfindest ein Gefühl vollkommener Gemeinschaft, die Sinne schwinden dir vor Lust. Durch solche übertriebenen Beschreibungen kann man sehr leicht irregeführt werden.

Manche Mädchen können so intensiv auf diese «Stürme» warten, daß sie schon deswegen keinen Orgasmus bekommen oder nicht merken, wenn sie einen haben. In Wirklichkeit reagiert jede Frau anders, und auch jeder Orgasmus kann von unterschiedlicher Intensität sein. Manchmal merkt man es kaum, und ein andermal wieder ist es ein sehr starkes, überwältigendes Gefühl, das den ganzen Körper einbezieht. Viele Mädchen lernen erst durch die Selbstbefriedigung, zum Orgasmus zu kommen. Hat ein Mädchen erst einmal herausgefunden, wie ihr Körper reagiert und angeregt werden kann, dann ist es auch leichter für sie, mit einem anderen Spaß zu haben und ihm das auch zu zeigen.

Sexuelle Erregung
Um sexuell bereit zu sein, braucht man ein gewisses Maß an Anregung. Diese kann man auf ganz verschiedene Art und Weise bekommen. Die direkte Berührung des Penis oder der Klitoris ist nicht der einzige Weg dahin. Ihr könnt genauso durch Küssen oder Schmusen erregt werden, oder indem ihr euren eigenen Körper oder den eures Partners an verschiedenen Stellen – Haare, Lippen, Busen, Hüften, Hintern, Beine und an jeder anderen Stelle, wo es Spaß macht – berührt oder streichelt. Auch Filme, Zeitschriften, Pornohefte oder ganz einfach eure eigenen Phantasien können euch sexuell anregen.
Die Menschen haben Spaß daran, sich sexuelle Dinge vorzustellen, während sie sich selbst befriedigen oder mit jemand anderem zusammen sind. Das hilft oft, um in eine erotische Stimmung zu kommen und den Orgasmus leichter zu erreichen. Diese Vorstellungen und Phantasien bei der Selbstbefriedigung können vom Küssen bis zum Ficken reichen. In gewisser Weise hängen unsere Phantasien mit unserem Alltagsleben zusammen. Es ist ganz natürlich, sich vorzustellen, daß man mit jemandem, den man gut kennt, sexuell zusammen ist. Aber vielleicht stellt man sich auch mal vor, zu einer Prostituierten zu gehen oder selbst eine zu sein, jemanden zu vergewaltigen oder selbst vergewaltigt zu werden. Es gibt wohl

kaum etwas, was Menschen in diesem Zusammenhang noch nicht phantasiert hätten, und man sollte selbst über gewalttätige Phantasien nicht unbedingt beunruhigt sein. Dies wird einige unter euch vielleicht überraschen. Ihr habt ja möglicherweise auch schon mal davon geträumt, ein Popstar zu sein oder eine Goldmedaille bei den Olympischen Spielen zu gewinnen; aber solange ihr euch nicht wie ein Superstar verhaltet oder erwartet habt, wie einer behandelt zu werden, hat wohl noch niemand euch Größenwahn vorgeworfen. Ganz ähnlich verhält es sich mit den sexuellen Phantasien. Solange ihr nicht meint, jede eurer «wilden» Sexphantasien gleich ausleben zu müssen, ist nichts dagegen zu sagen.

Sexuelle Erregung ist ein schönes Gefühl, gleichgültig, wer oder was sie hervorruft. Manche Menschen möchten am liebsten alle Pornohefte und -filme verbannen – vielleicht weil sie zutiefst ablehnen, daß Menschen Spaß an sexuellen Gefühlen haben. Aber es ist auch möglich, in eine erotische Stimmung zu kommen, wenn man klassische Musik hört oder in einem Bus fährt. Doch deswegen hat wohl noch niemand Beethoven verbieten oder die öffentlichen Verkehrsmittel verbannen wollen!

Orgasmus bei Mädchen

Bisher war es üblich, daß man die Scheide für das Zentrum des weiblichen Orgasmus hielt. So glaubte man auch, daß ein Mädchen nur dann zum Orgasmus kommen könnte, wenn sich etwas in ihrer Scheide hin- und herbewegt. Das hat dazu beigetragen, daß manche Männer – und auch Frauen – denken, eine Frau könne nur dann zum Orgasmus kommen, wenn ein Mann mit einem erigierten Penis in ihre Scheide eindringt. Aber allmählich nimmt man zur Kenntnis, daß die meisten Frauen an ihrer Klitoris gereizt werden müssen, um zum Orgasmus zu kommen. Dies führte jedoch zu einem anderen Mythos, nämlich: Frauen können zwei verschiedene Arten von Orgasmen haben – einen an der Klitoris und einen in der Va-

58

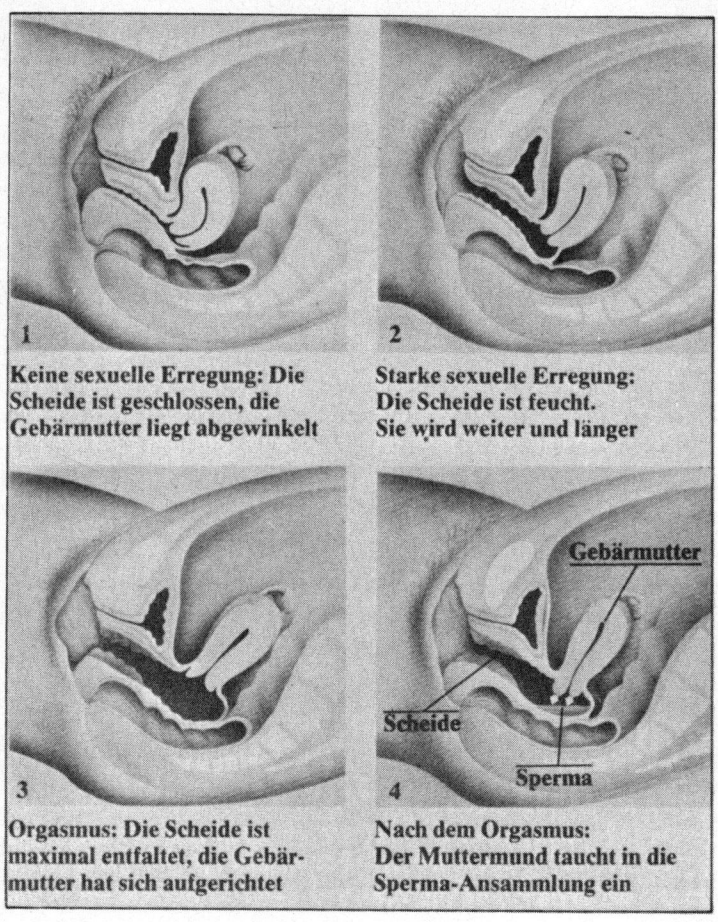

1

Keine sexuelle Erregung: Die
Scheide ist geschlossen, die
Gebärmutter liegt abgewinkelt

2

Starke sexuelle Erregung:
Die Scheide ist feucht.
Sie wird weiter und länger

3

Orgasmus: Die Scheide ist
maximal entfaltet, die Gebärmutter hat sich aufgerichtet

4

Gebärmutter

Scheide

Sperma

Nach dem Orgasmus:
Der Muttermund taucht in die
Sperma-Ansammlung ein

gina. In Wirklichkeit gibt es aber nur eine Art von Orgasmus,
der alle Sexualorgane einbezieht.

Wie bereits gesagt, wird der Orgasmus von verschiedenen
Menschen und zu verschiedenen Zeiten ganz unterschiedlich
erlebt. Aber einige typische körperliche Reaktionen wiederholen sich bei jedem Orgasmus. Wenn ein Mädchen sexuell
erregt ist, richten sich ihre Brustwarzen auf, und ihre Brüste
schwellen an. Bei einem Mädchen ist das deutlich, beim ande-

ren nur schwach zu sehen. Die Klitoris wird größer, fester und tritt etwas aus der sie umgebenden Haut hervor, so daß man sie leichter stimulieren kann. Die kleinen Schamlippen füllen sich mit Blut und bekommen dadurch eine dunkelrosa Farbe, ähnlich wie sich eure Gesichtshaut verändert, wenn ihr errötet. Die großen Schamlippen schwellen an und öffnen sich dabei ein wenig. Manche Mädchen haben auf der Vorderseite ihres Körpers, einschließlich ihres Gesichts, ein wohliges und warmes Gefühl.

Wie reagiert die Scheide auf sexuelle Erregung? Die inneren zwei Drittel der Scheide werden länger und weiter. Im äußeren Drittel der Scheide, also in dem am Eingang gelegenen Teil, schwillt das Gewebe manschettenförmig an, weil sich das Blut darin staut. Die Scheidenschleimhaut sondert eine schleimig- wäßrige Gleitflüssigkeit ab, so daß auch die äußeren Sexualorgane feucht werden. Neben der Anspannung der ganzen Körpermuskulatur nehmen auch die Atmung und der Pulsschlag zu. Kurz vor dem Höhepunkt zieht sich die immer noch pralle Klitoris in ihre Hautnische zurück. Der eigentliche Orgasmus beginnt mit einer Serie von kurzen Kontraktionen im äußeren Drittel der Scheide. Dieses mehrfache krampfartige Zusammenziehen und Entspannen breitet sich auf die Gebärmutter, auf alle anderen Sexualorgane und manchmal auf den ganzen Körper aus. Gewöhnlich kommt es auch an der Muskulatur des Anus zu Kontraktionen; darum stecken manche Menschen einen Finger in ihren Schließmuskel, um so ihr sexuelles Vergnügen zu steigern.

Manche Mädchen haben auch ab und zu mehrere Orgasmen kurz aufeinander folgend.

Die hier beschriebenen Veränderungen beim Orgasmus treten sowohl beim Geschlechtsverkehr als auch bei der Selbstbefriedigung auf. Mädchen, die von den vielfältigen Reaktionen ihres Körpers während des Orgasmus wissen, fürchten vielleicht manchmal, in solchen Augenblicken abstoßend auszusehen. Eine unnötige Sorge – wie kann jemand, der sich erregt und glücklich fühlt, anders als liebenswert aussehen? – Wichtig zu wissen ist auch noch, daß all die Veränderungen beim Orgasmus nicht immer sehr deutlich sind. Wenn beispielsweise die Brustwarzen nicht größer und fester werden oder die Scheide keine Flüssigkeit absondert, bedeutet das nicht, daß man keinen Orgasmus hat. Es ist in etwa mit dem Erröten vergleichbar: bei einigen Menschen ist es sichtbar, wenn sie verlegen oder zornig sind; bei anderen nicht – und niemand würde behaupten, daß deren Zorn oder Verlegenheit geringer ist.

Und wenn man keinen Orgasmus bekommt?
Es gibt sehr viele Gründe, warum Frauen es schwierig oder unmöglich finden, einen Orgasmus zu bekommen. Meistens liegt es wohl daran, daß die Stimulation nicht ausreichend war. Durch die Masturbation mag ein Mädchen vielleicht herausfinden, wieviel Stimulation ihr Körper braucht, und sie wird merken, wo und wie sie Berührungen mag. Nicht ganz so leicht ist es, wenn sie ein anderer berührt. Der Geschlechtsverkehr ist nicht immer die beste Möglichkeit, um die Klitoris zu reizen. Und ein Junge hat vielleicht manchmal große Lust, seinen Penis möglichst schnell in die Vagina einzuführen, daß er sich nicht genügend Zeit läßt, seine Partnerin erst sexuell zu stimulieren. Es kann aber auch daran liegen, daß ihr Angst vor der Sexualität oder einer Schwangerschaft habt, besonders wenn ihr keine empfängnisverhütenden Mittel benutzt; manchmal seid ihr vielleicht auch einfach nicht in der richtigen Stimmung. Für einen Jungen ist es etwas einfacher: wenn er Lust hat, bekommt er meistens eine Erektion. Mädchen finden es dagegen häufiger schwierig, sexuell erregt zu werden, wenn sie beispielsweise befürchten müssen, daß jemand ins Zimmer hineinkommen könnte, oder wenn sie sich in einem engen und kalten Auto unbehaglich fühlen. Und noch schlimmer ist es, wenn sie die ganze Zeit daran denken müssen, ob sie wohl einen Orgasmus haben werden. Man sollte sich also Zeit nehmen, um sich entspannen und sexuell erfreuen zu können – was nicht heißt, daß man unbedingt einen Orgasmus haben muß.
Es gibt Paare, die sich regelmäßig als Versager fühlen, wenn das Mädchen nicht jedesmal einen Orgasmus hat. Deswegen

täuschen manche Mädchen sogar einen Orgasmus vor. Mit etwas Übung, einigen Seufzern, etwas schnellerer Atmung und ein paar kleinen unruhigen Bewegungen ist das gar nicht schwer. Und das mag euch als der einfachste Weg erscheinen, wenn ihr euch unter Leistungsdruck gesetzt fühlt. Aber es ist absolut falsch. Zuerst einmal ist es eine Lüge und ein unehrlicher Trick. Und wenn ihr fortfahrt, dem Partner etwas «vorzustöhnen», wird es euch um so schwererfallen, jemals einen Orgasmus zu bekommen. Diese ganzen Schwierigkeiten sind gar nicht so selten; jedes Paar muß sie miteinander bewältigen. Das ist sicherlich um so schwerer, je länger man sich gegenseitig etwas vorgemacht hat.

Es ist ganz wichtig, sich klarzumachen, daß niemand jederzeit einen Orgasmus bekommen kann. Das ist ganz normal, und es gibt keinen Grund, das als ein Versagen anzusehen. Es kann manchmal sehr frustrierend sein, nicht zum Orgasmus zu kommen, aber Sex ist nun mal kein Sport, bei dem man möglichst viele Punkte sammeln müßte. Wichtig ist es, miteinander Spaß zu haben, sich dem anderen nahe zu fühlen, sich gegenseitig kennenzulernen und dabei herausfinden, wie ihr oder euer Partner sich fühlt.

Manchmal kann ein Mädchen, das es schwierig oder unmöglich findet, einen Orgasmus zu bekommen, beunruhigt oder sehr unglücklich sein. Es kann dann helfen, mit einer Freundin oder anderen Frauen darüber zu reden. In einigen Städten gibt es Frauengruppen, die einen beraten können. Auf Seite 192 findet ihr eine Adresse, die euch weiterhilft. Es gibt auch Einrichtungen, die Sexualberatungen durchführen (Adressen im Anhang). Auch sie sind an die Schweigepflicht gebunden. Ihr könnt dort anrufen oder hingehen, um euch beraten zu lassen. Natürlich kann eine Beratung oder Therapie kein «Geheimrezept» liefern – aber manchmal hilft es schon, wenn man Menschen kennenlernt, die der Ansicht sind, daß solche Probleme nicht für immer bestehen müssen.

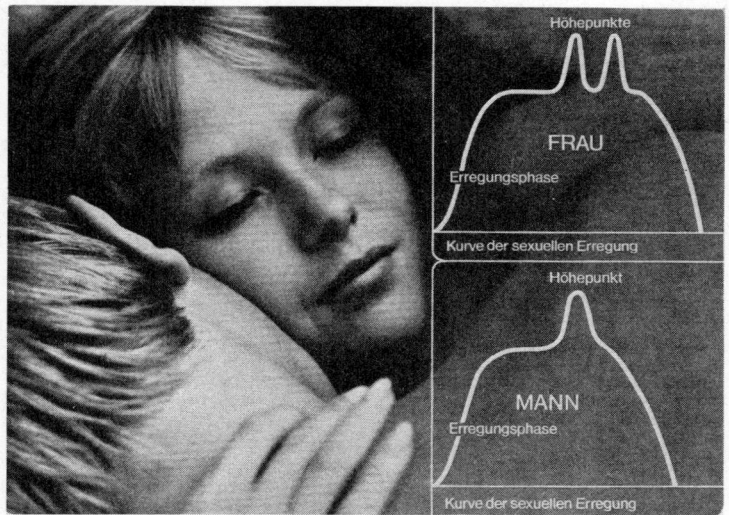

Höhepunkte

FRAU

Erregungsphase

Kurve der sexuellen Erregung

Höhepunkt

MANN

Erregungsphase

Kurve der sexuellen Erregung

Orgasmus bei Jungen

Das erste Zeichen sexueller Erregung bei einem Jungen ist gewöhnlich die Versteifung des Glieds (Erektion). Wenn die sexuelle Erregung zunimmt, werden die Hoden etwas fester und legen sich enger an den Körper an. Alle Muskeln spannen sich an und die Atmung wird schneller. Ein warmes, wohliges Gefühl kann sich über die Vorderseite des Körpers ausbreiten. Vielleicht schwillt auch die Brust ein wenig an, und die Brustwarzen werden größer und fester. Ein paar Tropfen klarer Flüssigkeit, in der vielleicht schon ein paar Samenzellen sind, kommen manchmal aus dem Penis.

Wenn die sexuelle Erregung ihren Höhepunkt erreicht, hat er das Gefühl, seinen Samen nicht mehr zurückhalten zu können. Kurz darauf fühlt er ein krampfartiges Zusammenziehen in den Sexualorganen, und gleich danach kommt die Samenflüssigkeit in vier oder fünf Spritzern aus dem Penis heraus. Diese krampfartigen Kontraktionen bereiten sich auch auf seinen Anus und manchmal über den ganzen Körper aus. Anschließend entspannt sich sein Körper, und sein Penis schlafft wieder ab.

Anders als Frauen können Männer nicht mehrere Orgasmen hintereinander haben. Es kann bis zu Stunden dauern, bevor sie wieder eine neue Erektion und einen Höhepunkt erreichen können. Je älter ein Mann ist, desto mehr Zeit kann es brauchen. Manche Männer können in einem Zeitraum von acht Stunden sechs- oder siebenmal einen Orgasmus bekommen, andere nur ein- oder zweimal. Aber wenn ein Junge erzählt, er hätte die ganze Nacht immer wieder und wieder einen Orgasmus bekommen, glaubt ihm nicht – er ist ganz einfach ein Aufschneider!

Und wenn ein Junge keine Erektion bekommt?
Manche Jungen haben Schwierigkeiten, eine Erektion zu bekommen oder sie zu behalten; oder sie haben Probleme, weil sie vorzeitigen (oder verzögerten) Samenerguß haben. Dafür gibt es oft vergleichbare Gründe, wie sie schon bei den Mädchen beschrieben worden sind. Hier wird euch vielleicht der Arzt helfen oder raten können. Ebenso könnt ihr euch an die Einrichtungen wenden, deren Adressen im Anhang stehen. Ein Geheimrezept gibt es natürlich nicht – aber vielleicht braucht ihr nur ein Gespräch mit jemandem, der für diese Schwierigkeiten Verständnis hat. Es ist oft eine große Hilfe zu wissen, daß man nicht der einzige ist, der derartige Probleme hat.

Sprüche vom Sparen

Sparen ist für die Katz...

...oder nicht? Sparen wäre wirklich was für die Katze, denn Sparen macht Mäuse. Und wer Mäuse macht, kommt nicht so schnell auf den Hund. Ist schon eine lustige Viecherei, das Sparen.

Pfandbrief und Kommunalobligation

die mit dem hohen Zins – und der großen Sicherheit – sobald man dem Sparbuch entwachsen ist

Verbriefte Sicherheit

Spaß am Sex

Sex kann Spaß machen, und er macht sehr viele Leute glücklich. In der sexuellen Beziehung muß man zwei Dinge unterscheiden: was man tut und was man denkt. In Beziehungen kann man sehr leicht verletzt werden oder den anderen verletzen, dies um so mehr, wenn die Sexualität mit einbezogen ist. Die Erinnerungen an unsere ersten sexuellen Erfahrungen können ein Leben lang unsere Gefühle in bezug auf Sexualität bestimmen.

Wenn wir jung sind, erwartet man meistens von uns, daß wir unser sexuelles Leben geheimhalten. Deswegen können wir uns manchmal wegen ganz natürlicher Gefühle und Wünsche schuldig oder beschämt fühlen. Viele Menschen wachsen mit diesem Schuldgefühl auf. Für sie ist es sehr schwierig, offen über Sexualität zu sprechen. Meistens versuchen sie zu verbergen, daß sie überhaupt Freude an sexueller Erregung haben. Noch schlimmer ist es, wenn sie andere davon abhalten, sich sexuell zu erfreuen oder überhaupt etwas darüber zu erfahren.

Das Schönste an der Sexualität kann sein, jemanden näherzukommen, dem man gern hat, und ihm dies auch zu zeigen. Wenn das gelingt, kann eine gute Voraussetzung geschaffen sein, um anfallende Probleme gemeinsam zu lösen: zum Beispiel, wenn das Mädchen ungewollt schwanger wird, das Mädchen oder der Junge eine ernsthafte Krankheit bekommt, oder wenn einer von beiden große Schwierigkeiten zu Hause hat.

Letztlich werdet ihr euch um so weniger vor sexuellen Beziehungen ängstigen und um so mehr Spaß daran haben, je mehr Lust und Freude ihr geben und nehmen könnt. Ob ihr überhaupt sexuellen Kontakt haben wollt, hängt ganz von euch selbst ab. Niemand sollte versuchen, auf den anderen Druck auszuüben – damit kann man beim anderen sehr viele Probleme auslösen.

In diesem Kapitel lernt ihr einige Möglichkeiten kennen, wie ihr euch gegenseitig Spaß bereiten könnt. Wenn ihr noch nichts über Sexualität wißt, erfahrt ihr, was ihr vielleicht erwarten könnt. Es wird überwiegend die Sexualität mit dem anderen Geschlecht beschrieben – nicht weil Homosexuelle und andere Minderheiten weniger wichtig sind, sondern ganz einfach deswegen, weil mehr Menschen sich heterosexuell verhalten.

Was man «darf»

Obgleich sich in den letzten Jahren viel geändert hat, ist die Meinung immer noch weit verbreitet, daß Mädchen und Jungen sehr unterschiedliche und manchmal sogar total gegensätzliche Rollen in ihren sexuellen Beziehungen einzunehmen hätten. Die Mädchen selbst fürchten oft noch, ihren «guten Ruf» oder die Achtung des anderen zu verlieren, wenn sie zeigen, daß sie Spaß an der Sexualität haben. Die Jungen wiederum glauben oft, sie müßten die Mädchen erobern, um ihrem Ruf als «starke Männer» gerecht zu werden. Viele Eltern (die nach diesen Vorstellungen aufgewachsen sind) neigen dazu, entsetzt zu reagieren, wenn sie entdecken, daß ihre Tochter eine sexuelle Beziehung hat; wenn sie dagegen ihren Sohn «erwischen», wünschen sie ihm häufiger in Gedanken «alles Gute» und drücken eher ein Auge zu.

Wenn man einer solchen Doppelmoral anhängt, kann es zu unehrlichen und verwirrenden Situationen kommen. Mädchen fürchten dann manchmal, nicht respektiert zu werden, wenn sie sich von einem Jungen streicheln lassen, den sie mögen. Und Jungen fangen häufig gedankenlos Beziehungen mit Mädchen an, die ihnen attraktiv und reizvoll erscheinen, obwohl sie sie vielleicht gar nicht besonders mögen; aber ein Mädchen, das sie wirklich gern haben, rühren sie nicht an, und sie wagen nicht, ihm ihre Gefühle zu zeigen. Es kann für Mädchen schon manchmal sehr schwierig sein, wenn sie meinen, all ihre sexuellen Gefühle unterdrücken zu müssen, weil man ihnen sonst nachsagt, sie seien «leichte Beute». Genauso schwierig kann es für Jungen sein, die noch unerfahren sind oder noch keine sexuellen Beziehungen haben möchten, wenn sie vortäuschen müssen, «geile Supermänner» zu sein.

Die sexuellen Verhaltensweisen haben sich in den letzten Jahren wesentlich verändert, besonders bei Mädchen und Frauen – auch deswegen, weil das Wissen um die Empfängnisverhütung enorm zugenommen hat. Ohne die Angst vor einer Schwangerschaft wird Sexualität auch für Mädchen immer mehr eine Sache, die man zum Spaß und zur gegenseitigen Freude macht. Und das hat natürlich auch die Beziehung zwischen den Geschlechtern verändert.

Ob ihr mit jemandem sexuell zusammen sein möchtet, oder wie weit ihr gehen sollt, das hängt nicht davon ab, ob ihr weiblichen oder männlichen Geschlechts seid, sondern davon, welche ganz persönlichen Bedürfnisse ihr habt. Vielleicht habt ihr ganz gute Gründe, jetzt noch keine sexuellen Erfahrungen machen zu wollen oder aber bestimmte Grenzen zu setzen. Wieweit ihr gehen wollt, solltet ihr ganz allein entscheiden.

Erogene Zonen

Es gibt keine Stelle unseres Körpers, an der wir keine sexuellen Empfindungen haben können. In jedem Menschen entwickelt sich die sexuelle Erregung auf verschiedene Weise, zum Beispiel durch Streicheln, Riechen, Berühren und Sehen. Man nennt die Stellen, an denen wir Berührungen und Küsse besonders genießen, erogene Zonen. Der Mund, die Lippen und die Zunge gehören dazu. Ein Kuß kann uns sehr erregen. Es ist ein riesiger Unterschied, ob wir einem Verwandten einen schnellen, trockenen Kuß geben oder ob wir jemanden, in den wir wirklich verliebt sind, küssen, indem wir unsere Lippen öffnen und unsere feuchte Zunge mit seiner Zunge spielen lassen.

Viele Mädchen und auch manche Jungen finden es erregend, wenn ihre Brüste oder Brustwarzen gestreichelt und geküßt werden. Die Brustwarzen sind sehr empfindlich; sie richten sich auf und werden fest, wenn wir sexuell erregt werden. Manche Menschen – Mädchen und Jungen – können durch diese Berührungen sogar zum Orgasmus kommen. Die stärksten Gefühle entstehen durch das Berühren und liebevolle Spielen mit der Klitoris und dem Penis. Diese Organe sind deswegen so besonders empfindlich, weil sie reichlich mit Nervenenden versehen sind.

Natürlich hat nicht jeder den Wunsch, jedesmal zum Orgasmus zu kommen, wenn er sexuell erregt ist; aber wenn er es gern möchte, dann kann Petting (*to pet* = liebkosen) ein guter Weg dahin sein – wenn man beispielsweise keinen Geschlechtsverkehr miteinander haben möchte oder wenn man ganz sicher eine Schwangerschaft verhindern will.

Wie er ihr helfen kann

Ein Junge kann ein Mädchen erregen, indem er mit seinem Finger die Klitoris oder die Schamgegend streichelt. Manche Mädchen mögen das gern sehr zart, andere lieber etwas kraftvoller. Das ist ganz unterschiedlich von Person zu Person und von Zeit zu Zeit. Am besten fragt man das Mädchen oder ermutigt sie zu zeigen, wie sie es gern mag.

Vielleicht möchte sie gern, daß der Junge ihr hilft, zum Orgasmus zu kommen, indem er seinen Finger in der Vagina bewegt. Das geht gewöhnlich ganz leicht, wenn der Scheideneingang feucht und entspannt ist. Man kann einen oder zwei Finger zart und behutsam in die Scheide stecken und hin- und herbewegen. Am besten, man fängt langsam an und wird erst allmählich schneller. Zusätzlich kann der Junge vielleicht mit seinen anderen Fingern die Klitoris reizen oder die Schamlippen berühren – oder möglicherweise macht das das Mädchen auch lieber selbst.

Nach dem Orgasmus kann die Klitoris manchmal sehr berührungsempfindlich sein; dann sollte man sie lieber eine Zeitlang nicht mehr streicheln. Wenn das Mädchen einmal einen Orgasmus hatte, heißt das nicht notwendigerweise, daß es dann nichts mehr möchte. Vielleicht hat sie das Bedürfnis nach weiteren Zärtlichkeiten oder mehreren Höhepunkten hintereinander, und möglicherweise ist erst der dritte oder vierte der beste von allen. So wird sie vielleicht manchmal mögen, daß der Junge sie weiterstreichelt, während sie zu anderen Zeiten schon nach dem erstenmal ganz zufrieden ist.

Wie kann sie ihm helfen
Auch das Mädchen kann einem Jungen auf verschiedene Weise helfen, zum Orgasmus zu kommen. Sie kann seinen Penis vorsichtig, aber fest mit ihren Fingern oder in ihrer Faust halten und ihre Hand in der gleichen Art und Weise hin- und herbewegen, wie viele Jungen es bei der Selbstbefriedigung machen. Vielleicht steckt er auch manchmal ganz gern seinen Penis in ihre Achselhöhle, während sie ihren Arm fest an ihren Körper preßt. Oder er sitzt mit gespreizten Beinen über ihr und reibt seinen Penis zwischen ihren Brüsten hin und her, wobei er oder sie die Brüste zusammenpressen kann. Nicht so gut ist es – falls keine Verhütungsmittel benutzt werden –, wenn er seinen Penis an der Vagina oder zwischen ihren geschlossenen Schenkeln reibt. Die Gefahr ist einfach zu groß, daß ein paar Samenzellen (die manchmal bis zu 72 Stunden lang überleben können) in die Scheide gelangen und so eine Schwangerschaft hervorrufen können.

Mundverkehr

Beim Mundverkehr oder oralen Sex saugt oder küßt man sich gegenseitig an den Sexualorganen. In der Umgangssprache gibt es Wörter und Ausdrücke dafür wie «einen abkauen», «einen lecken», «einen blasen» und viele andere mehr. – Der Geschmack und Geruch unserer Körper – besonders der Sexualorgane – kann sehr anregend sein; aber nicht jeder probiert das aus, und manche Menschen sind auch ein bißchen verunsichert über das, was sie riechen und schmecken. Natürlich kann das Lecken und Küssen der Sexualorgane unappetitlich sein, wenn man sich nicht regelmäßig wäscht – genauso wie ungeputzte Zähne und schlechter Atem einen Kuß nicht schöner machen.

Die Industrie zieht aus unserer Scheu bezüglich unseres Körpers ihren Nutzen. In Anzeigen werden wir aufgefordert, unseren Körper mit Parfums und Deodorants zu überschwemmen. Manche Mädchen glauben, daß sie erst dann richtig angezogen sind, wenn sie ihr Intimspray oder ihr Körperdeodorant benutzt haben. In Wirklichkeit können Deodorants oder Sprays sogar in der Scheide Infektionen hervorrufen und sehr schädlich sein. Auf jeden Fall ist es nicht sehr anregend, «wie eine Spraydose zu riechen» – höchstens vielleicht für eine andere Spraydose. Und nichts kann beim oralen Sex wohl unerotischer sein, als wenn man plötzlich den Mund voller Desinfektionsmittel hat. Viel besser ist es, sich regelmäßig zu waschen – im übrigen ist Wasser auch viel billiger als alle Sprays und Deodorants.

Beim Mundverkehr kann der Junge zwischen den Beinen des Mädchens knien oder liegen und mit seiner Zunge die Klitoris berühren. Er kann sie sexuell erregen, vielleicht auch zum Orgasmus bringen, indem er ihre Klitoris leckt oder zart daran saugt. Vielleicht mag sie auch, wenn er seine Zunge in die Vagina steckt. Der lateinische Ausdruck für den Mundverkehr ist Cunnilingus. – Wenn das Mädchen den Penis eines Jungen leckt oder saugt, so nennt man das Fellatio. Falls man Spaß daran hat, kann man auch den Samen in den Mund nehmen oder ihn runterschlucken – es ist nichts Gefährliches daran, und man kann dadurch auch nicht schwanger werden. Dagegen kann es sehr unbefriedigend für den Jungen sein, wenn das Mädchen gerade in dem Moment den Kopf zurückzieht, in dem der Samen aus seinem Penis spritzt.

Wenn sich ein Paar so gleichzeitig reizt – indem sie über ihm oder seitlich liegt und an seinem Penis saugt, während er an ihrer Klitoris leckt –, nennt man das «69» (vermutlich, weil es so aussieht). Es wird auch als *«soixante-neuf»* oder «Französische Liebe» bezeichnet (obwohl es bestimmt nicht etwas ist, was nur französische Paare tun).

Weitere Wege zum Spaß am Sex
Die meisten Paare finden mit der Zeit heraus, was sie am liebsten mögen. Das kann eine Weile dauern, und es kann leicht sein, daß man dabei am Anfang ein wenig unsicher und unbeholfen ist. Manche Paare stecken sich gern gegenseitig den Finger in den Anus. Das kann ein bißchen weh tun, wenn der Finger nicht naß ist. Andere Paare mögen es, wenn er seinen Penis in ihren Anus steckt. Der Schließmuskel sollte dabei ganz entspannt und der Penis sehr feucht sein, damit es nicht weh tut. In der Umgangssprache nennt man das Analverkehr (oder auch Arschficken), der lateinische Ausdruck ist Pedicatio.
Es gibt auch die verschiedensten sexuellen Hilfsmittel, mit denen ein Paar experimentieren kann. Diese «Spielsachen» sind gewönlich sehr teuer, und sie halten selten das, was ihre Hersteller versprechen. Ein Klecks Honig oder Joghurt auf den Sexualorganen ist für manche Paare ebenso lustig und darüber hinaus noch viel billiger.
Es gibt wohl kaum zwei Menschen, die sich auf die gleiche Art und zur gleichen Zeit in genau derselben Weise freuen. Manchmal möchte er vielleicht aktiv sein, und ein anderes Mal möchte er sich lieber passiv verhalten. Genauso, wie sie vielleicht ab und zu die Initiative übernehmen möchte und zu anderen Zeiten das von ihm erwartet. Der beste Weg herauszufinden, was euer Partner gern mag, ist, darüber zu sprechen. Ihr werdet dann sehen, daß das Sprechen über sexuelle Dinge zusätzlich sehr erregend sein kann.
Wenn man so die verschiedenen Möglichkeiten herausfindet, um sich gegenseitig Lust zu machen, kann das für beide Partner sehr beglückend sein, ohne daß man das Risiko einer

Schwangerschaft eingeht. Was nicht heißen soll, daß es unbedingt eine gute Idee ist, den Geschlechtsverkehr immer auszusparen. Das kann euch die Spontaneität nehmen und zu Enttäuschungen führen, wenn ihr dann wirklich einmal Geschlechtsverkehr habt. Auf jeden Fall solltet ihr selbst entscheiden. Aber es wäre wohl ein bißchen schade, Petting langfristig als vollständigen Ersatz fürs Ficken anzusehen, zum Beispiel nur, weil ihr euch noch nicht über die richtigen Verhütungsmethoden informiert habt.

Geschlechtsverkehr

Es gibt so viele Ausdrücke für den Geschlechtsverkehr, daß man sie unmöglich alle aufzählen kann. Die lateinischen Bezeichnungen sind Koitus oder Kopulation, aber die werdet ihr wohl eher von euren Ärzten und Biologielehrern hören. In der Umgangssprache dagegen sagt man häufig: mit jemandem schlafen, vögeln, bumsen, ficken, sich lieben, eine Nummer machen oder schieben, einen wegstecken oder mit jemandem ins Bett gehen.

Schade ist es nur, daß viele dieser Ausdrücke sich so anhören, als wenn da immer nur ein Mann einer Frau etwas «machen» würde, daß also der Mann stets als aktiver Partner erscheint, während die Frau nur auf dem Rücken liegt und alles über sich ergehen läßt. Ein Mann fickt, eine Frau wird gefickt. Er bumst, sie wird gebumst. Er legt sie um, sie wird umgelegt. Noch unseren Großmüttern wurde gesagt: «Legt euch auf den Rücken und erfüllt eure Pflicht!» Das war wohl meistens die einzige Sexualerziehung, die sie erhielten. So wurden Frauen dazu erzogen, passiv zu sein und alles dem Mann zu überlassen – nur weil sie eben Frauen waren. Ganz entsprechend brachte man Männern bei, alle Initiativen selbst zu ergreifen und sich im übrigen nicht so viele Gedanken darüber zu machen, ob ihre Partnerin auch sexuell befriedigt wird; und dabei brauchten sie nicht einmal ein schlechtes Gewissen zu haben, denn zu jener Zeit glaubte man, daß Frauen sowieso keinen Spaß an der Sexualität hätten.

«Sex ist der Preis, den Frauen für die Ehe zu zahlen haben, und die Ehe ist der Preis, den Männer für den Sex zu zahlen haben», war einer von den dummen Sprüchen, die damals ziemlich üblich waren. Auch heute noch denken viele Menschen, daß Mädchen oder Frauen weniger sexuelle Bedürfnisse haben als Männer. Aber Sexualität ist nicht etwas, das für Männer und Frauen völlig gegensätzlich und unterschiedlich ist. Das Wichtigste ist, daß jeder von uns, gleichgültig ob Junge oder Mädchen, für sich herausfindet, was er gern mag. Fikken, Vögeln oder Bumsen – das machen Frauen und Männer miteinander, und nicht nur er mit ihr.

Vorspiel

Petting, das in den Geschlechtsverkehr übergeht, nennt man Vorspiel. Es gehört zum Geschlechtsverkehr dazu, weil es uns und unsere Körper auf ganz natürliche Weise darauf vorbereitet. So muß zum Beispiel der Penis erst steif werden, bevor er in die Vagina gesteckt werden kann. Damit der Penis mit dem Scheideneingang in Berührung kommt, müssen sich die großen Schamlippen ein wenig öffnen. Die Klitoris kann leichter gestreichelt werden, wenn sie ein bißchen aus ihrer Hautfalte hervortritt. Die Sexualorgane müssen erst allmählich feucht werden, damit der Penis leichter in die Vagina schlüpfen kann und die Klitoris nicht weh tut, wenn sie berührt wird.

Ob der Penis lang oder kurz, dick oder dünn ist, ist nicht so wichtig, denn das Innere der Scheide hat wenig berührungsempfindliche Nervenenden und kann sich außerdem ausdehnen und jeder Penisgröße anpassen. Viele Mädchen haben Angst, daß sich ihre Vagina durch häufigen Geschlechtsverkehr zu sehr ausweiten könnte. Aber dazu besteht überhaupt keine Veranlassung, denn der äußere Teil der Vagina kann anschwellen und den Penis umgreifen, gleichgültig wie klein oder groß Vagina und Penis sind. Es gibt vielerlei Witze über zu kleine und zu große Schwänze oder zu enge und zu weite

Mösen. Man kann darüber lachen, aber sollte sie nicht ernst nehmen, weil die Größenunterschiede ohne besondere Bedeutung für euren Spaß am Sex sind.

Die beschriebenen Veränderungen an unseren Körpern während des Vorspiels vollziehen sich auf ganz natürliche Weise, wenn wir gereizt werden und die Erregung allmählich zunimmt. Das Vorspiel erleichtert den Geschlechtsverkehr in körperlicher Hinsicht – aber das ist es nicht allein. Wir kommen damit auch in die richtige Stimmung, um miteinander zu schlafen; und darüber hinaus bringt es uns als Sache für sich gesehen viel Spaß.

Spaß am Geschlechtsverkehr

Es ist gewöhnlich am besten, den Penis mit zartem Druck und einigen kleinen Bewegungen in die Vagina einzuführen. Nicht so gut ist ein einziger Stoß, denn die Vagina braucht oft erst ein wenig Zeit, bevor sie sich weitet. Es ist sehr hilfreich, die Schamlippen mit den Fingern auseinanderzuspreizen und den Penis an die Scheidenöffnung zu führen. Das kann jeder der beiden Partner tun.

Wenn der Penis in der Vagina hin- und hergleitet, werden auch die Schamlippen und die Haut über der Klitoris mitbewegt. Dadurch kann auch die Klitoris gereizt werden. Die Bewegungen werden mit der Zeit schneller, bis einer von euch zum Höhepunkt kommt. Insgesamt sollte man sich viel Zeit lassen und zwischendurch kleine Pausen einlegen, je nachdem, wie man sich fühlt. Wenn sie zuerst einen Orgasmus hat, kann sie ihre Hüften weiterbewegen, bis er auch einen hat; das kann auch ihr zusätzlich angenehm sein. Aber wenn es ihm zuerst «kommt», dann schlafft sein Penis sehr schnell ab, und er wird ihren Kitzler dann vielleicht weiterreizen können, indem er ihn mit seinen Fingern stimuliert.

Viele Paare sind davon überzeugt, daß man beim Geschlechtsverkehr unbedingt und immer gleichzeitig einen Orgasmus haben muß. In Wirklichkeit ist das sehr selten der Fall. Und falls es wirklich mal geschieht, ist es nicht notwendigerweise «die

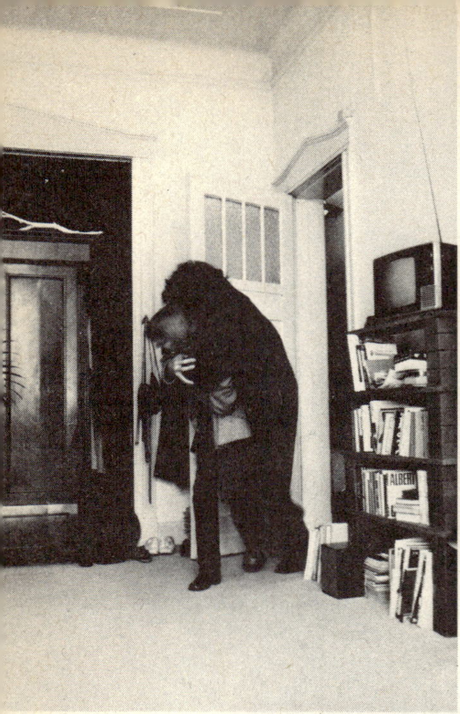

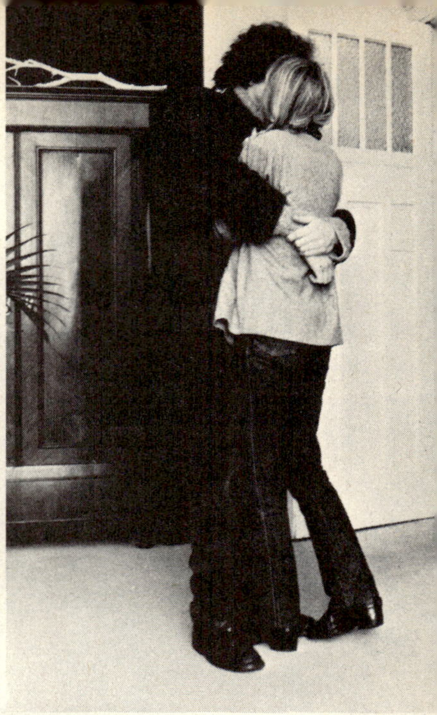

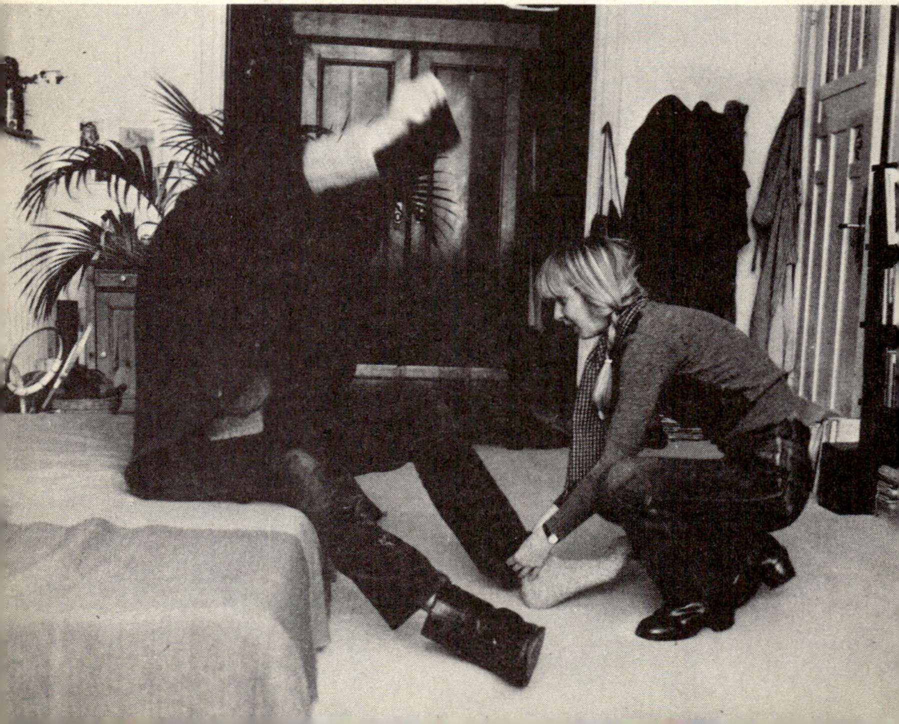

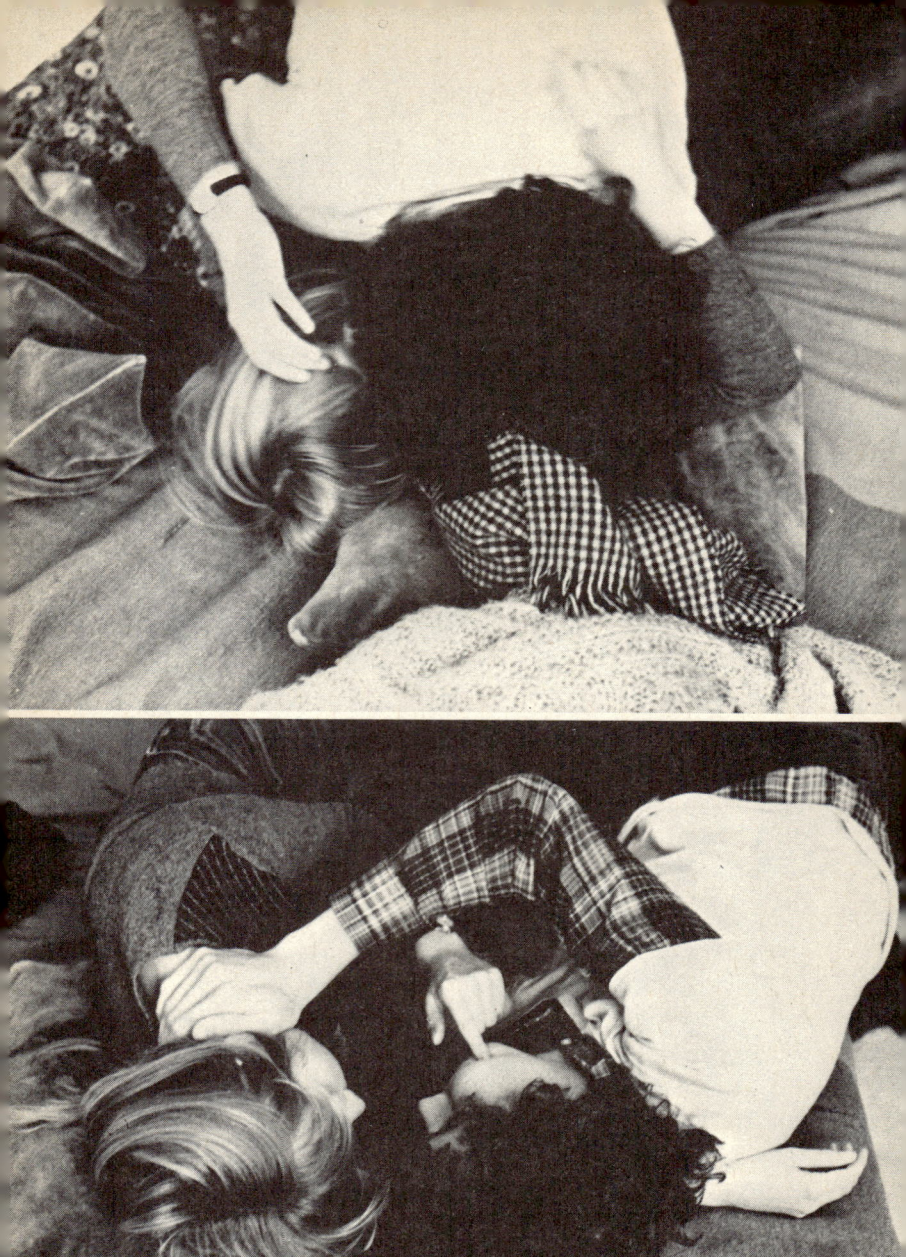

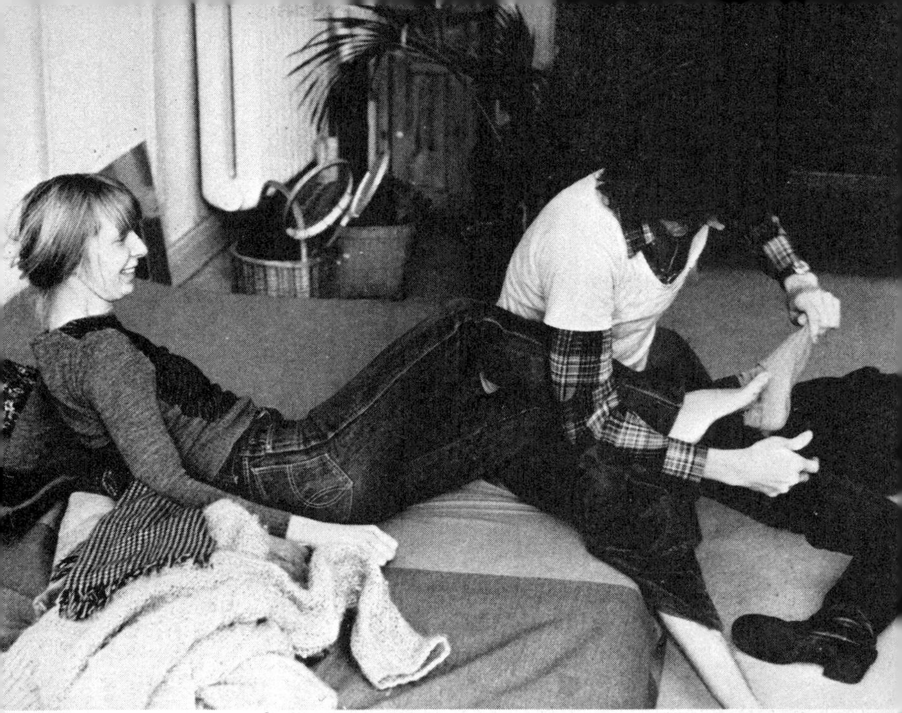

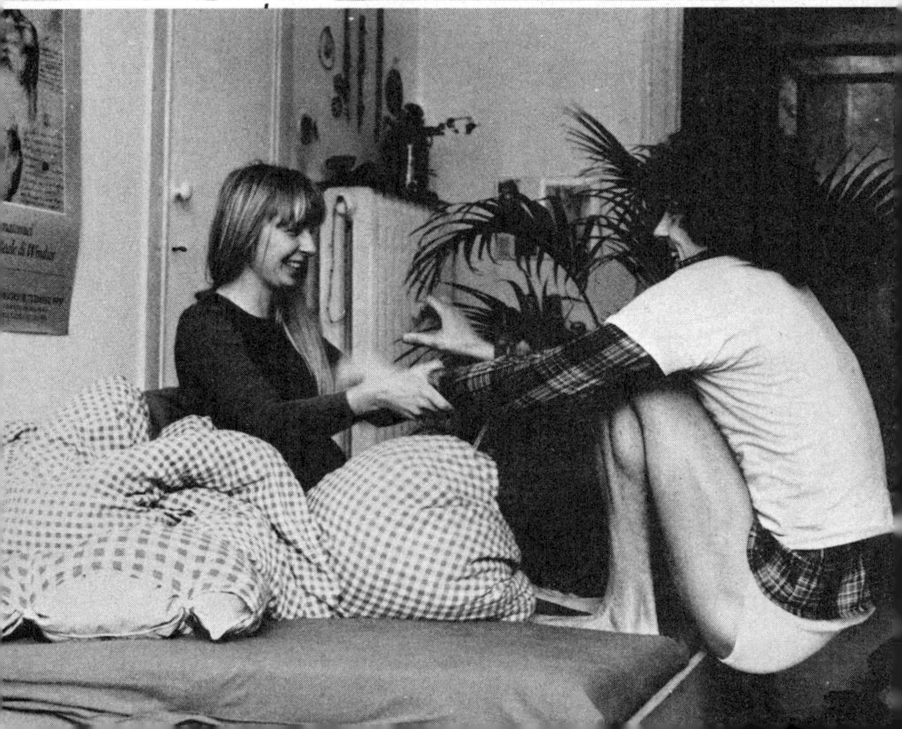

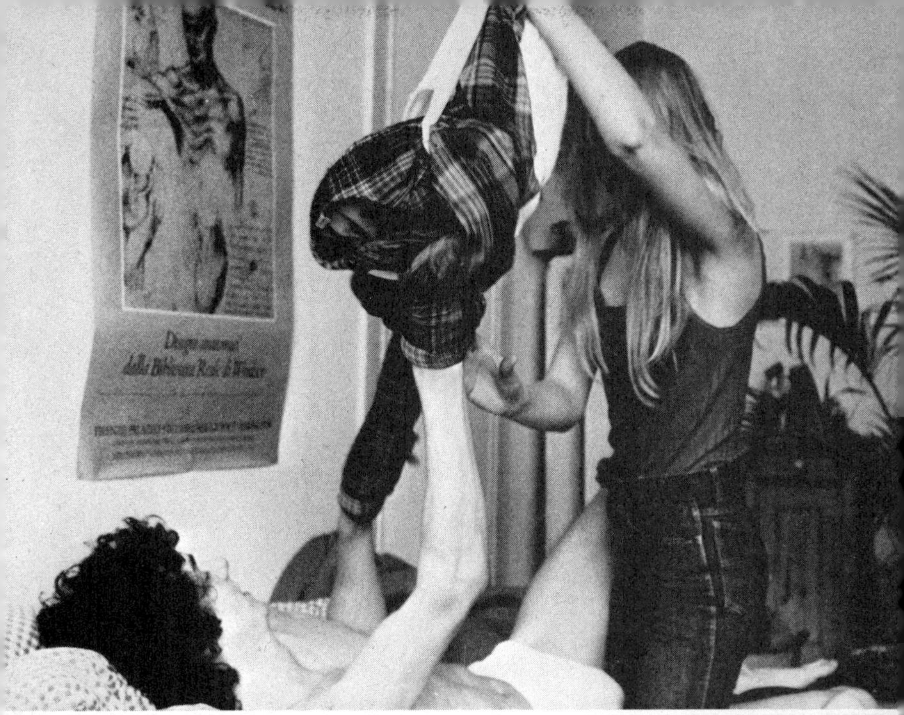

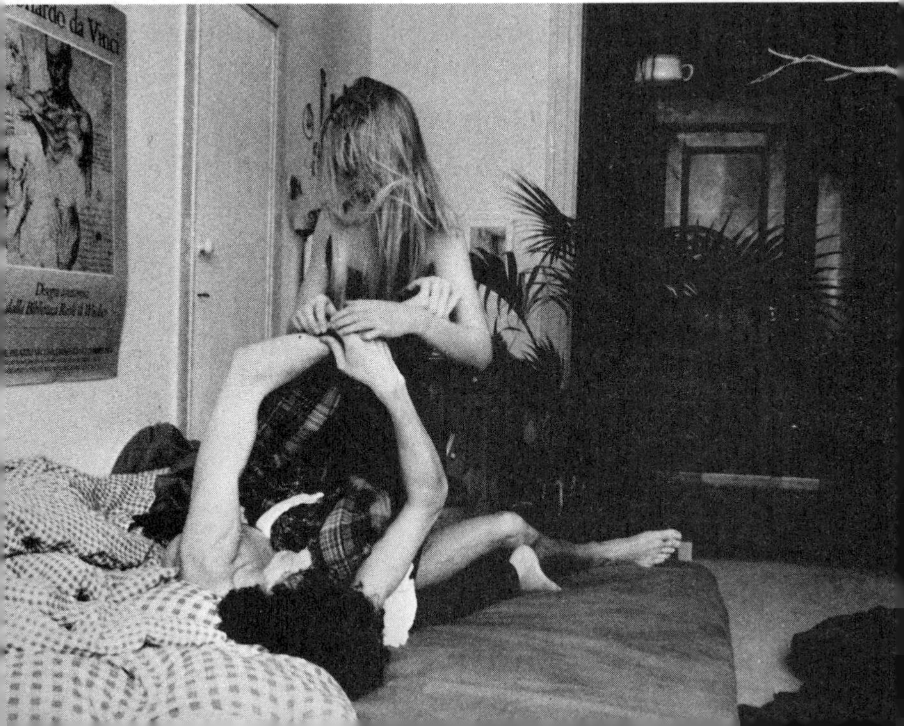
nardo da Vinci

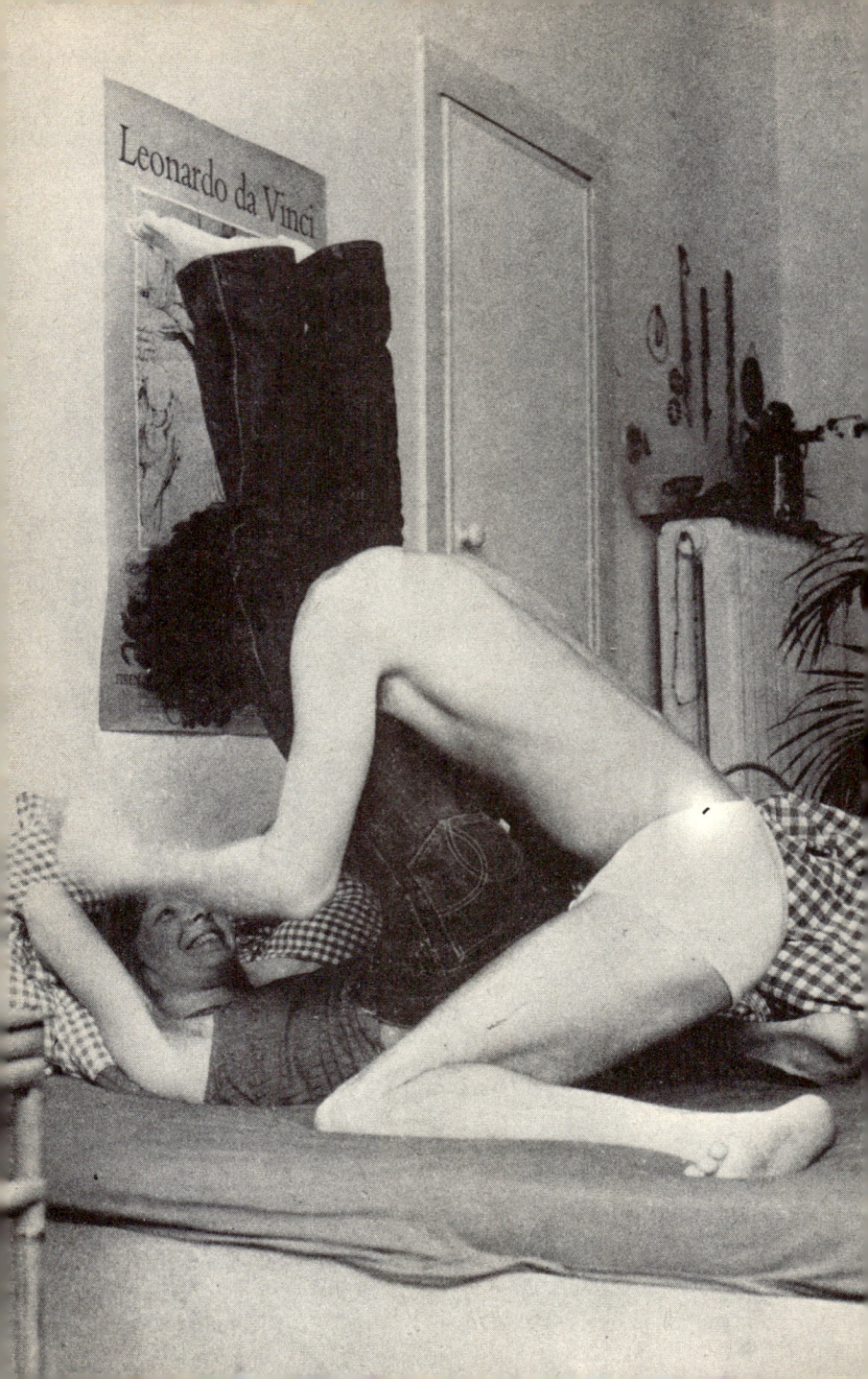

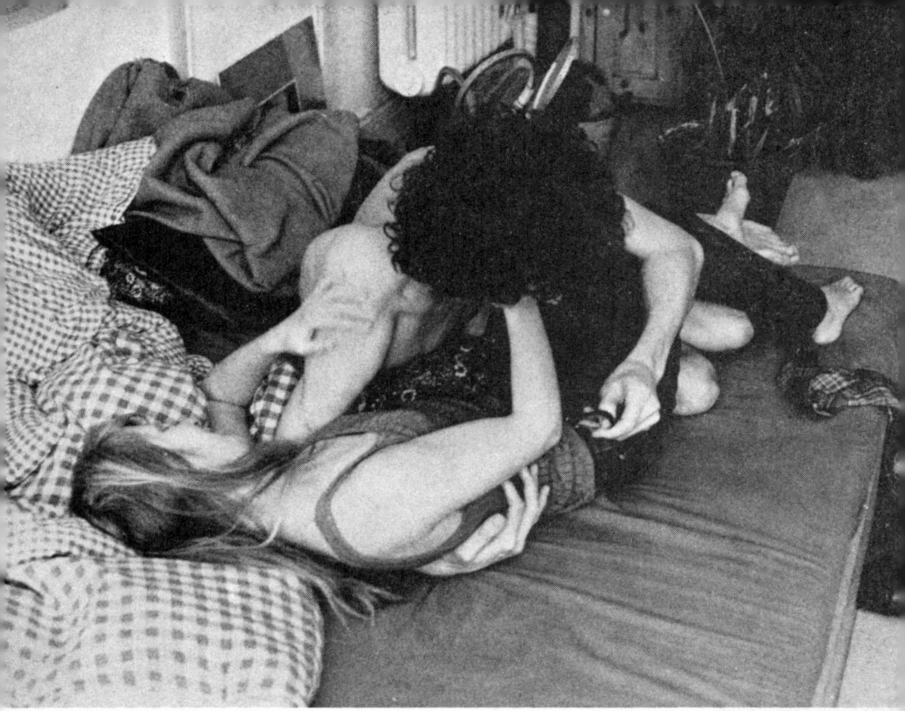

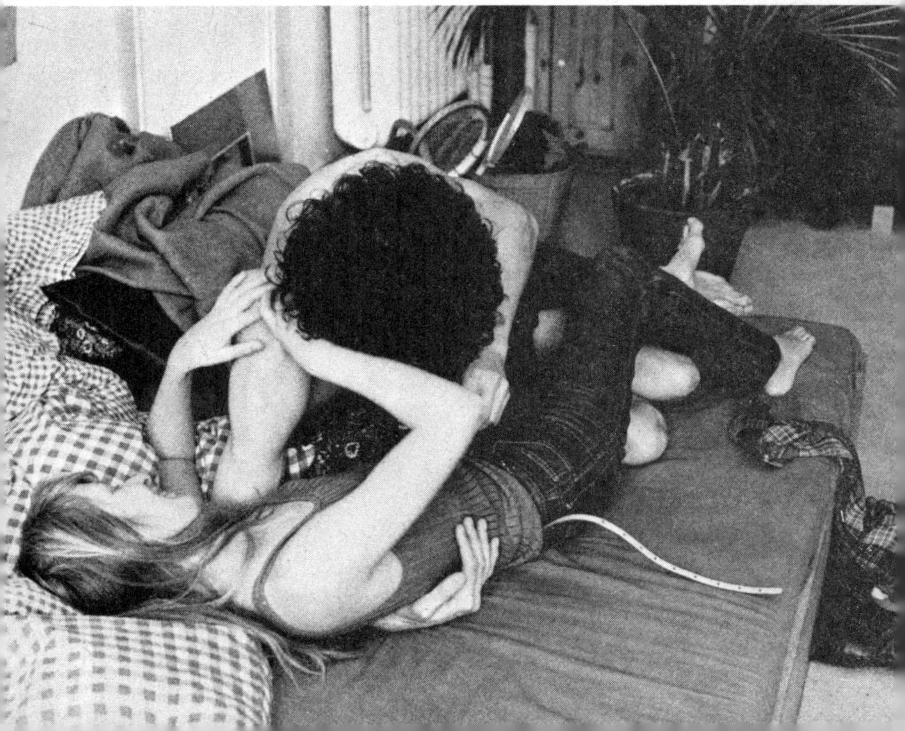

große Sache». Natürlich kann das schön sein. Auf der anderen Seite macht es auch sehr viel Spaß, den Partner beim Orgasmus zu erleben; und das ist schwer möglich, wenn man gerade mit seinem eigenen beschäftigt ist. Wichtig ist, daß es keinen «richtigen» Weg gibt, um Geschlechtsverkehr oder überhaupt Sex miteinander zu haben. Ob ihr einen Orgasmus habt oder nicht, oder ob ihr ihn gleichzeitig habt, ist längst nicht so wichtig; entscheidend ist, wie ihr euch fühlt und ob ihr Spaß miteinander habt.

Stellungen

Es gibt ganz verschiedene Stellungen. Bei uns ist die sogenannte «Missionarsstellung» die häufigste. Während das Mädchen mit gespreizten Beinen auf dem Rücken liegt, liegt er auf ihr, und sie können sich beide anschauen. Sie wird Missionarsstellung genannt, seitdem westeuropäische Missionare sie in «heidnischen» Ländern bekannt machten. Ganz ähnlich wie die sogenannten Heiden über diese ihnen unbekannte Stellung verblüfft waren, entdeckten auch die Missionare mit großem Erstaunen, daß es noch andere Positionen beim Geschlechtsverkehr gibt. – Manche Paare kommen nie auf die Idee, eine andere Stellung auszuprobieren, obgleich die Missionarstellung nicht die beste Position für das Mädchen ist, weil so ihre Klitoris nicht immer direkt stimuliert werden kann. Manchmal hilft es, wenn das Mädchen ein Kissen unter ihren Hintern schiebt und die Beine rechts und links um die Hüften des Partners legt.
Wenn das Mädchen auf ihm sitzt, während er auf dem Rücken liegt, kommt sie vielleicht leichter zum Orgasmus, weil jeder der beiden Partner die Klitoris mit den Fingern reizen kann. Für Paare, die sich beim Geschlechtsverkehr gern anschauen, sind beide Positionen schön. Bei einer anderen Stellung (die man oft «Hündchen-Stellung» nennt) hockt das Mädchen vornübergebeugt auf ihren Händen oder

Stellungen

Unterarmen und Knien, während der Junge seinen Penis von hinten in die Vagina steckt. Er kann auch auf der Seite liegend von hinten in sie eindringen (diese Position wird auch «Fragezeichen-Stellung» oder «Löffel-Stellung» genannt). Bei beiden Stellungen hat es das Mädchen gewöhnlich sehr gern, wenn ihre Klitoris mit der Hand gestreichelt wird.

Ihr könnt auch im Stehen oder Sitzen miteinander ficken oder indem das Mädchen auf einem Stuhl oder auf dem Tisch sitzt oder indem sie die Beine über die Bettkante hängen läßt. Einige Paare lieben sich in verschiedenen Stellungen, andere ziehen eine einzige vor. – Es gibt Menschen, die Sex miteinander machen, ohne etwas zu sagen, und andere, die dabei flüstern, lachen oder sogar schreien. Viele lieben sich gern an einem verschwiegenen Platz irgendwo im Freien, andere ziehen das Bett vor. Einige machen es gern im Dunkeln, und wieder andere lieber, wenn es hell ist. Es gibt Paare, die Sex nur zu zweit mögen, und andere, die Spaß am Gruppensex haben. Wie es auch sei, ob am Morgen oder am Abend, am Tag oder in der Nacht, drinnen oder draußen – es gibt keine Zeit, keinen Platz, keine Stellung, die noch nicht mit Spaß ausprobiert worden ist.

Welche Stellung ein Paar auch immer gern haben mag, Hauptsache ist, daß es für beide angenehm und schön ist, daß es beide aufregend und befriedigend finden, und keiner von beiden Schmerzen dabei verspürt. Euer Verstand wird euch sicher davon abhalten, etwas zu tun, das gefährlich sein könnte. Eine gute Faustregel ist, mit niemanden etwas zu machen, was man auch selbst nicht gern hätte. Manches mag euch fremd, neu oder sonderbar erscheinen. Laßt es bleiben, wenn ihr es nicht mögt – aber abgesehen davon könnt ihr sicher sein, daß es von einem anderen schon einmal ausprobiert worden ist. Es ist nicht pervers, anormal oder krankhaft, solange ihr euch gegenseitig Lust damit bereiten wollt und solange ihr mit den Gefühlen anderer behutsam umgeht.

Es ist nicht immer leicht

Lust und Spaß am Sex zu haben und herauszufinden, was ihr gern mögt, ist nicht immer leicht. Der erste Geschlechtsverkehr kann auch enttäuschend sein. Zum Beispiel, wenn ihr nicht wißt, was auf euch zukommt, oder wie ihr euch verhalten sollt. Es ist so wie mit den meisten Dingen: es wird einfacher, wenn ihr mehr Erfahrung habt. Ihr könnt sicher sein, daß ihr nicht die einzigen Menschen seid, bei denen es beim erstenmal noch nicht so gut geht. In Wahrheit fühlt sich nahezu jeder ein wenig unsicher und nervös, wenn er das erste Mal mit einem bestimmten Menschen Geschlechtsverkehr hat.

Viele Menschen haben im Laufe ihres Lebens irgendwann einmal sexuelle Probleme – dieses Kapitel beschreibt einige von ihnen. Wenn ihr sie nicht selbst oder gemeinsam mit eurem Partner lösen könnt, wendet euch an Menschen, die dafür speziell ausgebildet worden sind. Auf keinen Fall solltet ihr sexuelle Probleme unterdrücken; das macht sie nur noch schlimmer.

Jungfräulichkeit

Wenn ein Mädchen noch nie Geschlechtsverkehr gehabt hat, nennt man sie eine Jungfrau; der Ausdruck Jungmann ist dagegen in unserem Sprachgebrauch noch ziemlich unüblich. Über die Jungfräulichkeit wird sehr viel Unsinn erzählt. In der Vergangenheit galt die Auffassung, daß ein Mädchen seine «Unschuld» um jeden Preis so lange wie möglich bewahren sollte, während ein Junge sie so schnell wie möglich verlieren durfte. Von den Mädchen erwartete man, daß sie ihren «Schatz» so lange aufbewahrten, bis der «Richtige» kam. Wenn ein Junge dagegen unerfahren blieb, hielt man ihn für unreif und «unmännlich». Die Leute sahen es gern, wenn ihre Töchter ohne Sex und ihre Söhne mit möglichst viel Sex aufwuchsen. Das lag sicherlich auch an der Furcht vor einer Schwangerschaft und den mangelnden Kenntnissen über die Geburtenkontrolle. Die Einstellungen dazu haben sich inzwischen geändert, aber viele dieser sexuellen Mythen existieren immer noch.

Jahrhundertelang glaubte man, daß man die «Unberührtheit» eines Mädchens an ihrem Jungfernhäutchen – das ist jenes dünne Häutchen kurz hinter dem Scheideneingang – erkennen könnte. Wenn es unverletzt war, dann war man eine Jungfrau; andernfalls war man es eben nicht. Und selbstverständlich erwartete man von den Mädchen, daß sie ihre «Unschuld» erst in der Hochzeitsnacht verloren. Das ist ein Grund, warum man Mädchen verbot zu masturbieren und ihnen davon abriet, Tampons zu benutzen – denn dem «Richtigen» sollte es vorbehalten bleiben, an seiner blühenden jungen Braut ein «richtiges», sprich unverletztes Jungfernhäutchen zu finden!

Zunächst einmal: viele Mädchen werden ohne Jungfernhäutchen geboren. Bei den meisten befindet sich in der Mitte des Jungfernhäutchens ein Loch unterschiedlicher Größe, so daß es unmöglich ist, ganz genau zu sagen, ob es eingerissen ist oder nicht. Und viele Jungfernhäutchen dehnen sich oder reißen in jungen Jahren auf ganz natürliche Weise beim Fahrradfahren oder Reiten ein, ohne daß es das Mädchen merkt.

Wenn ein Mädchen einen Finger in ihre Vagina steckt, kann sie selbst herausfinden, in welchem Zustand ihr Häutchen ist. Wenn ihr Finger nur ein paar Zentimeter eindringen kann, ist es vermutlich noch unversehrt; dann wird es beim ersten Geschlechtsverkehr einreißen. Wenn sie dann öfter Geschlechtsverkehr hat, bleibt schließlich für den Rest ihres Lebens nur noch ein kleiner Hautring übrig, den man später in der Regel kaum noch spüren oder sehen kann.

Die meisten Jungfernhäutchen sind sehr dünn. Dennoch kann es beim Einreißen ein bißchen weh tun. Vielleicht blutet es auch ein bißchen. Viele Mädchen fürchten sich davor; dazu besteht aber kein Anlaß: all die Geschichten über große Schmerzen und viel Blutverlust sind Übertreibungen. Manche Mädchen merken den Einriß überhaupt nicht und verlieren auch kein Blut. Andere fühlen vielleicht für ein paar Sekunden einen kurzen Schmerz und sehen ein paar Blutstropfen – aber selten so viele, daß es sich lohnt, einen Tampon oder eine Binde zu benutzen.

Wichtig ist allein: Jungfräulichkeit hat nichts damit zu tun, ob man noch ein intaktes Häutchen hat oder nicht. Jeder ist eine bestimmte Zeitlang seines Lebens eine Jungfrau (ein Jungmann), und es besteht kein Grund, dies zu verheimlichen. Das erste Mal Geschlechtsverkehr miteinander zu haben, ist sicherlich nicht einfach, und man sollte dieses Erlebnis nicht noch durch eine Lüge weiter verkomplizieren. Und außerdem kann es sehr unangenehm sein, wenn man vorgibt, bereits Geschlechtsverkehr gehabt zu haben und in Wirklichkeit noch ganz unerfahren ist. Man kann einer Beziehung schaden, selbstverständlich auch einer sexuellen, wenn man sie mit einer Lüge beginnt.

Das erste Mal

Für manche Mädchen ist das erste Mal so enttäuschend, daß sie es nicht noch mal versuchen möchten. Die meisten finden dann, daß es beim zweiten-, dritten- oder viertenmal bereits viel schöner ist. Man muß sich entspannt fühlen, um sexuelle Lust empfinden zu können. Wenn ihr dagegen ängstlich seid, Angst vor einer Schwangerschaft oder davor habt, gestört zu werden, verkrampft ihr euch leicht. Das kann dazu führen, daß sich auch die Muskeln am Scheideneingang zusammenziehen, so daß es unmöglich wird, in einer solchen Situation Geschlechtsverkehr miteinander zu haben. Es ist gar nicht schlimm, wenn euch das passiert. Man sollte nur nicht versuchen, mit Gewalt dagegen anzukämpfen, denn das macht es nur noch schlimmer. Wenn es länger dauert, sollte man jedoch darüber sprechen und sich vielleicht bei jemandem Rat holen, zum Beispiel in einer Beratungsstelle (vgl. die Adressen im Anhang).

Bei einigen Mädchen tut es manchmal ein bißchen weh, wenn sie Geschlechtsverkehr haben; das kann zum Beispiel vor oder während der Periode der Fall sein, weil Unterleib und Gebärmutter dann ein wenig empfindlicher sind. Oft läßt sich dieses Problem schon dadurch lösen, daß man eine andere Stellung einnimmt, in der sich die Scheide voll ausdehnen kann – zum Beispiel die «Missionarsstellung» (siehe S. 90). Natürlich kann auch ein anderer Grund vorliegen, zum Beispiel eine Entzündung. Selbst wenn keine Anzeichen dafür vorhanden sind (zum Beispiel Ausfluß, entzündete Hautstellen am Scheideneingang oder ähnliches), sollte diese Möglichkeit durch einen Arzt ausgeschlossen werden. Ihr braucht davor keine Angst zu haben. Falls ihr den Gang zum Arzt dennoch scheut, vielleicht weil er nicht erfahren soll, daß ihr bereits Geschlechtsverkehr gehabt habt, könnt ihr ihm notfalls auch sagen, daß es weh tut, wenn ihr einen Tampon benutzt.

Manche Leute behaupten, daß man es jemandem ansehen könne, wenn er das erste Mal Geschlechtsverkehr gehabt hat. Das ist ein Ammenmärchen. Es gibt keine äußerliche Veränderung, an der man das erkennen könnte. Bei Mädchen ist manchmal die Scheide ein bißchen wund, aber das ist auch alles. Nach ein oder zwei Tagen ist das Wundsein wieder vorbei.

Wenn die Vagina trocken ist, kann der Geschlechtsverkehr für beide Partner schmerzhaft sein. Oft liegt es daran, daß das Vorspiel zu kurz war; die Folge ist dann häufig, daß das Mädchen auch nicht zum Orgasmus kommt. Seltener kommt es vor, daß die Scheide selbst bei längerer Reizung nicht genügend feucht wird. Man kann dann eine Creme benutzen, um sie schlüpfriger zu machen. Selbstverständlich sollte sie nicht das Vorspiel ersetzen. Ihr könnt solche Cremes in der Drogerie oder Apotheke kaufen. «In der Not» erfüllt auch etwas Babyöl den gleichen Zweck. Ein anderes gutes «Hausmittel» ist die eigene Spucke.

Vielen Mädchen wirft man vor, frigide oder «kalt» zu sein, wenn sie keinen Sex machen wollen, anscheinend keine Lust empfinden, ihre Vagina nicht feucht genug wird, oder wenn sie nicht zum Orgasmus kommen. Das kann vielleicht einfach daran liegen, daß sie noch zu ängstlich sind oder daß sie in einer bestimmten Situation oder mit einem bestimmten Menschen keine sexuelle Beziehung haben möchten. Wenn sie andererseits gern Sex machen oder offensichtlich viel Spaß daran haben, werden sie schnell als Nymphomaninnen bezeichnet. Es ist sehr unfair, jemanden mit einem solchen Namen zu bezeichnen, denn wenn ein Mädchen wirklich Probleme mit ihrer Sexualität hat, werden diese dadurch eher noch größer.

Jungen, die anscheinend keinen Spaß am Sex haben, denken oft, daß sie homosexuell oder nicht «potent» sind. Auch hier gilt: vielleicht möchte der Junge nur zu diesem Zeitpunkt oder mit jenem Menschen keine sexuellen Erfahrungen machen. Sex macht keinen Spaß, wenn man keine Lust dazu hat.

Und wer hat schon Lust, jederzeit und mit jedem Menschen zu vögeln?

Viele Jungen haben die Erfahrung gemacht, daß sie beim erstenmal sehr schnell eine Ejakulation hatten – oft sogar, bevor sie ihren Schwanz in die Scheide gesteckt haben. Das hängt damit zusammen, daß man beim erstenmal noch ziemlich nervös ist; man braucht sich also keine besonderen Gedanken darüber zu machen. Manche Jungen haben jedoch jedesmal früher eine Ejakulation als sie möchten. Man nennt das vorzeitigen Samenerguß (Ejaculatio praecox); es gibt Männer, die ihr ganzes Leben lang damit zu tun haben. Manchen Männern hilft es, wenn sie bereits kurz vor dem Geschlechtsverkehr einen Samenerguß gehabt haben – dadurch nimmt die Erregung nicht so schnell zu, wenn sie danach mit der Partnerin zusammen sind.

Andere leiden unter dem Problem, daß sie überhaupt keine Erektion bekommen können, auch wenn sie gern möchten. Man bezeichnet das als eine Form von Impotenz. Genauso wie beim vorzeitigen Samenerguß sind auch hier meistens psychische Gründe ausschlaggebend. Manche Jungen haben das Problem, daß ihr Schwanz abschlafft, wenn sie ein Präservativ überziehen wollen. Falls dies häufiger geschieht, sollten sie eine andere Methode der Empfängnisverhütung benutzen. Das Mädchen kann dem Jungen vielleicht helfen, indem sie seinen Penis am unteren Ende fest zwischen ihren Fingern hält und so verhindert, daß das Blut wieder aus den Schwellkörpern zurückfließt. Oder sie kann versuchen, den noch nicht ganz steifen Penis selbst in ihre Scheide zu stecken – häufig wird er dann wieder sehr schnell erigieren.

Der beste Weg, sexuelle Probleme zu bewältigen, ist, mit dem Partner darüber offen zu sprechen. Vertrauen und Verständnis und das gemeinsame Suchen nach den Ursachen sind die wichtigsten Voraussetzungen, um das Problem zu lösen. Aber wenn ein Problem längere Zeit anhält und sich mit großer Wahrscheinlichkeit nicht auf Unerfahrenheit, Unsicherheit und Ängstlichkeit zurückführen läßt, sollte man etwas dagegen tun. Je mehr ihr darüber grübelt und mit den Befürchtungen allein bleibt, desto größer werden vielleicht die Schwierigkeiten. Deshalb: wenn ihr Vertrauen zu eurem Arzt oder eurer Ärztin habt, geht dorthin; oder sucht eine Beratungsstelle auf (vgl. die Adressen im Anhang). Auch Jungen und Mädchen unter sechzehn Jahren werden dort beraten; am besten, ihr ruft vorher an und vereinbart einen Termin.

Anregungsmittel

Drogerien, Apotheken, aber vor allen Dingen Sex-Läden bieten eine Menge Mittel an, die man beim Sex gebrauchen kann. Viele, oft auch sehr teure Mittel, versprechen, bei sexuellen Schwierigkeiten zu helfen, zum Beispiel werben Hersteller für Cremes und Tropfen, die angeblich geil machen sollen. Es ist sehr fraglich, ob sie tatsächlich eine solche Wirkung haben. Die meisten dieser Mittel, die unter anderem versprechen, daß ein Penis über Stunden erigiert bleibt oder daß ein Mädchen schneller zum Orgasmus kommt, enthalten kaum mehr als etwas Öl, Wasser und Parfum. Deswegen schaden sie auch nicht, und manche Menschen sind von ihrer Wirkung so überzeugt, daß sie dann auch tatsächlich «helfen». Außerdem gibt es auch noch Präservative, aufgerauht oder in verschiedenen Formen, die Mädchen angeblich zur Ekstase treiben. Das ist äußerst zweifelhaft. Zudem ist es nicht ganz ungefährlich, diese Präservative als einziges Verhütungsmittel zu benutzen. Wirklich sicher sind nur Präservative, die elektronisch geprüft sind.

Aphrodisiaka
Aphrodisiaka sind Mittel, die die sexuelle Erregung steigern sollen. Jemandem der Schwierigkeiten hat, in die richtige Stimmung zu kommen, oder der meint, seine Lustempfindungen steigern zu müssen, mögen sie wie ein Geheimrezept erscheinen. Tatsächlich sind die meisten der sogenannten Aphrodisiaka völlig wirkungslos. Früher wurde allen möglichen Substanzen magische Kräfte zugeschrieben, um Menschen sexuell anzuregen – Tomaten, Kartoffeln, Meerrettich, Pfeffer, Muscheln, Hirschhornsalz, Eiern und vielen anderen. Neben ganz harmlosen Mitteln fanden und finden sich darunter auch immer einige, die nicht ganz ungefährlich sind – wenn sie auch nur Übelkeit und Herzklopfen bereiten. Natürlich können viele dieser sexuellen Hilfsmittel und Spielzeuge, die tonnenweise verkauft werden, ganz witzig sein. Man sollte sich nur nicht die Lösung sexueller Probleme davon versprechen. – Was sie dagegen wirklich tun: sie machen ihre Hersteller reich.

Drogen

Drogen werden aus verschiedenen Gründen genommen: aus Neugier, zum Spaß, um Langeweile zu überbrücken oder weil erwartet wird, daß sie das sexuelle Vergnügen steigern können. Auch das sind Mythen, denen man keinen Glauben schenken sollte. Sicherlich können Drogen unsere Hemmungen verringern, unsere Muskeln entspannen und unser Körpergefühl bis zu einem bestimmten Maß steigern. Aber es gibt kaum zwei Menschen, die in der gleichen Weise auf Drogen reagieren. Der eine wird sich danach vielleicht ganz gut fühlen, während ein anderer Übelkeit empfindet, Angst und Herzklopfen bekommt, sich regelrecht krank fühlt und überhaupt keine sexuellen Bedürfnisse mehr spürt. Im Gegensatz zur Sexualität sind Drogen eben etwas Unnatürliches für unseren Körper. Einige Drogen sind äußerst gefährlich, andere etwas weniger. Harmlose Drogen gibt es nicht, denn man kann sich sehr leicht an sie gewöhnen. – Auf jeden Fall hängt das sexuelle Vergnügen, das man miteinander hat, nicht von Drogen ab, sondern von den Gefühlen, die man füreinander empfindet.

Alkohol

Auch Alkohol ist eine Droge. Und er kann genausoviel körperliche und geistige Schäden hervorrufen, obgleich er im Gegensatz zu anderen Drogen sehr leicht und ohne Rezept zu kaufen ist. Im allgemeinen wird angenommen, daß Alkohol den Sexualtrieb steigert. In der Werbung sind Alkohol und Sex ein beliebtes Paar. Geringe Mengen Alkohol können vielleicht unsere Schüchternheit und unsere Hemmungen ein wenig herabsetzen, aber grundsätzlich ist Alkohol ein Mittel, das eher deprimiert und traurig macht. Ein großes Problem beim Alkohol ist, daß schon wenige Gläser bewirken, daß Menschen nicht mehr klar denken können. Schnell ist die Kontrolle verloren, und man trinkt weiter, bis man völlig betrunken ist. Zuviel Alkohol macht schläfrig und verringert ganz eindeutig die Erektions- und Orgasmusfähigkeit. Er hat die unglückliche Nebenwirkung, daß er am Anfang zwar recht anregend sein kann, dann aber sehr schnell dazu führt, daß wir unkontrolliert und ungeschickt Dinge tun, die die sexuelle Befriedigung beeinträchtigen. Obwohl Alkohol sehr schädlich ist, ist es eine sozial akzeptierte Droge. Und wie bei allen Drogen, egal ob legale oder illegale, akzeptierte oder abgelehnte, wird es sicherlich Leute geben, die an seinem Verkauf interessiert sind und dabei verdienen.

Empfängnisverhütung

Bei der Ejakulation (Samenerguß) eines Jungen enthält sein Sperma (Samenflüssigkeit) Millionen kleiner Spermien (Samenzellen). Bereits durch eine einzige Samenzelle kann ein Mädchen schwanger werden. Wie geht das vor sich? Die Samenzellen können sich aus eigener Kraft vorwärts bewegen. Von der Scheide aus gelangen sie über die Gebärmutter in die Eileiter. Wenn eine der Samenzellen auf ein reifes Ei trifft (das sich von einem der Eierstöcke gelöst hat und über einen Eileiter in die Gebärmutter wandert), vereinigen sie sich. Das Ei wird so von der Samenzelle befruchtet – weshalb man diesen Vorgang auch Befruchtung (oder Konzeption) nennt. Meistens findet die Vereinigung zwischen Ei und Samenzelle im oberen Teil eines Eileiters statt. Von da aus wandert das befruchtete Ei durch den Eileiter in die Gebärmutter, wo es sich an der inneren Gebärmutterwand einnistet.

Dies kann an den befruchtungsfähigen Tagen jedesmal geschehen, wenn ein Mädchen und ein Junge Geschlechtsverkehr miteinander haben. Der sicherste Weg, eine Schwangerschaft zu verhindern, ist selbstverständlich der, überhaupt nicht miteinander zu schlafen. Aber wenn man weder auf den Geschlechtsverkehr verzichten noch ein Kind haben will, dann muß man eine wirklich zuverlässige Methode der Empfängnisverhütung wählen.

Zahlen und Daten können manchmal ein wenig nüchtern wirken, aber denkt an das menschliche Elend, das hinter ihnen steht:

– Jedes Jahr ist jedes dritte Mädchen unter zwanzig, das hei-

ratet, bereits schwanger (Wollte sie wirklich schwanger sein? Wollten sie oder ihr Freund wirklich heiraten?) ;
- jedes Jahr werden viele tausend unverheiratete junge Mädchen Mutter (Wie fühlen sie sich dabei? Wie reagieren ihre Familien und Freunde? Und wie wird es den Kindern, die geboren werden, ergehen?);

jedes Jahr lassen sich eine große Anzahl junger Mädchen und Frauen einen Eingriff vornehmen, um die Schwangerschaft abzubrechen (Welche psychischen Auswirkungen hat ein Schwangerschaftsabbruch? Was kostet eine Abtreibung? Können die Betroffenen sich das leisten? Und wie hoch mag die Dunkelziffer sein, das heißt die Zahl der nicht gemeldeten Eingriffe?);
- jedes Jahr erleben unzählige junge Mädchen und Frauen Tage voller Angst und Unruhe, weil sie befürchten, schwanger zu sein.

All das führt zu vielfachem Unglück und Leid für sehr viele Menschen. Das meiste könnte verhindert werden mit einer eindeutigen Aufklärung und einer vernünftigen Empfängnisverhütung.

Bis vor einigen Jahren war es für unverheiratete Leute noch ziemlich schwierig, einen Rat zur Empfängnisverhütung zu bekommen. Aber heute ist das viel einfacher. Es gibt inzwischen viele Möglichkeiten, mit jemandem sexuell zusammen zu sein, ohne das große Risiko einer Schwangerschaft einzugehen. Es gibt sehr billige oder auch kostenlose Methoden, die leicht anwendbar sind. Obgleich es immer noch ein Unterschied ist, ob man in der Stadt oder auf dem Land, im Norden oder im Süden unseres Landes wohnt, wenn man einen Rat zur Empfängnisverhütung sucht – insgesamt läßt sich sagen, daß immer mehr Ärzte zu begreifen beginnen, daß jedes Baby ein Anrecht darauf hat, ein erwünschtes zu sein. Falls ihr bei euren Ärzten keine so gute Erfahrung gemacht habt, wendet euch an die im Anhang genannten Beratungsstellen.

Bei jeder empfängnisverhütenden Methode muß man einiges überdenken und planen. Manche Menschen glauben, daß es allzu nüchtern und unromantisch oder gar verboten ist, wenn man sich auf das sexuelle Zusammensein vorbereitet. Aber ist eine ungewollte Schwangerschaft wirklich «romantischer»? Natürlich kann es manchmal ganz plötzlich, unerwartet dazu kommen, daß man mit jemandem schläft. Aber auch wenn man noch so verliebt oder aufgeregt ist, sollte man nicht vergessen, daß bereits eine einzige Samenzelle zu einer Schwangerschaft führen kann, wenn man keine empfängnisverhütenden Mittel verwendet. Es stimmt schon, daß es keine hundertprozentig sichere empfängnisverhütende Methode gibt – aber überhaupt keine anzuwenden, ist immer noch die unsicherste Methode.

Sexuelle Mythen
Es gibt viele sexuelle Mythen; am meisten Unheil stiften wahrscheinlich jene über die Schwangerschaftsverhütung. Glaubt niemandem, der behauptet (oder noch schlimmer, der versucht, euch zu überreden), daß irgendeine der folgenden «Methoden» euch vor einer Schwangerschaft bewahren kann:
– wenn ihr es im Stehen macht;
– wenn das Mädchen keinen Orgasmus hat;
– wenn sie kurz vorher ein heißes Bad nimmt;
– wenn sie sofort danach ein heißes Bad nimmt;
– wenn sie sofort danach pinkelt;
– wenn sie sofort danach ihre Scheide mit Zitronensaft, Essig, Coca-Cola (oder irgend etwas anderem) wäscht.
Diese Methoden wirken nicht und haben auch noch niemals gewirkt!
Es ist keineswegs so, daß ein Mädchen jedesmal schwanger wird, wenn sie mit einem Jungen schläft, ohne eine empfängnisverhütende Methode anzuwenden. Darum denken wahrscheinlich so viele Leute, daß es im Laufe des Monats bestimmte Zeiten gibt, die «sicher» sind – auch ohne den Gebrauch von Kontrazeptiva. Aber das stimmt nicht – ein gewisses Risiko ist immer dabei. Ein Mädchen kann den ganzen

Monat über schwanger werden – in Ausnahmefällen sogar während, kurz vor oder kurz nach ihrer Regelblutung. Und viele Mädchen werden sehr leicht schwanger.

Wer trägt die Verantwortung?

Zum «Kindermachen» gehören immer zwei. Und zwei sollten es auch sein, die den besten Weg herausfinden, um keine zu «machen». Über Geburtenkontrolle sollte man sprechen, bevor man miteinander schläft.

Viele Mädchen und Frauen haben sich auf Grund ihrer Erziehung und der herrschenden gesellschaftlichen Norm daran gewöhnt, die meisten Entscheidungen dem Partner zu überlassen. Diese Haltung führt unter anderem auch dazu, daß sie meinen, es sei Aufgabe der Jungen, sich Gedanken über Kontrazeption zu machen. Und Jungen denken oft genau umgekehrt: weil nur das Mädchen schwanger werden kann, sei es auch ihre Aufgabe, etwas dagegen zu tun. In der Praxis sollte es dagegen so sein, daß beide die Verantwortung tragen, genauso wie sie gemeinsam Spaß und Vergnügen haben sollten. Schließlich wird jedes Kind, das geboren wird, ein Teil von euch beiden sein. Nicht alle empfängnisverhütenden Methoden sind für jeden geeignet; ohne darüber zu sprechen, könnt ihr auch nicht die beste Methode für euch beide herausfinden.

Die zuverlässigsten empfängnisverhütenden Methoden sind die Pille und das Intra-Uterin-Pessar. Unerfreulicherweise sind es auch die beiden Methoden, bei denen vor allem die Frauen die Verantwortung für die richtige Einnahme zu tragen haben. Ein Mittel, das zwar nicht ganz, aber annähernd so sicher ist, ist das Kondom (Präservativ). Meistens übernehmen hier die Jungen die Verantwortung. Allerdings ist es bei ihnen nicht gerade sehr beliebt, denn viele befürchten, daß es das Gefühl herabsetzt; außerdem finden einige das Überziehen verunsichernd. Am besten ist es, wenn bei allen Mitteln beide die Verantwortung übernehmen.

Die Rechtslage

Rechtlich ist es für Jugendliche nicht verboten, empfängnisverhütende Methoden anzuwenden. Von den drei zuverlässigsten Methoden – der Pille, dem Intra-Uterin-Pessar und dem Kondom – ist nur das Kondom ohne Rezept zu bekommen. Einige Ärzte werden vielleicht mit den Eltern eines Mädchens sprechen wollen, wenn sie nach der Pille oder nach dem Intra-Uterin-Pessar fragt. Falls sie das nicht möchte, sollte sie es dem Arzt ganz offen und deutlich sagen. Viele Ärzte geben sich dann damit zufrieden und verschreiben, ohne Rücksprache das Kontrazeptivum. Andere werden sich vielleicht weigern und statt dessen ein anderes Mittel vorschlagen. Das sicherste wäre in diesem Fall das Kondom. Das Mädchen sollte spätestens dann mit ihrem Freund darüber sprechen. Vielleicht entscheiden danach beide, das Kondom zu benutzen, oder sie lassen sich von einem anderen Arzt beraten.

Wo bekommt man Rat?

Empfehlenswert ist es auf jeden Fall, vor der Anwendung einer empfängnisverhütenden Methode einen Arzt aufzusuchen. Das kann ein Praktischer Arzt oder ein Frauenarzt sein. Auch zum Frauenarzt können selbstverständlich beide gemeinsam hingehen. Der Gang zum Arzt ist vor allen Dingen deswegen ratsam, weil dieser am ehesten raten kann, welche empfängnisverhütende Methode aus medizinischer Sicht am besten geeignet ist. Einige Ärzte schicken ihre Patienten auch zu Beratungsstellen.

Auch dorthin können Jungen und Mädchen gemeinsam gehen. Ihr werdet hier von Ärzten, Psychologen und anderen Mitarbeitern beraten. Vorteilhaft ist dabei vor allem, daß man hier oft mehr Zeit eingeräumt bekommt als in der Arztpraxis, um über seine Fragen in Ruhe zu sprechen. Die Adressen der Beratungsstellen findet ihr im Anhang.

Apotheken und Drogerien.

Wenn euch die Pille von einem Arzt oder in einer Beratungsstelle verschrieben worden ist, könnt ihr sie in der Apotheke kaufen. Kondome und einige chemische Verhütungsmittel könnt ihr auch ohne Rezept in der Drogerie bekommen. Ein Pessar solltet ihr nicht benutzen, ohne daß es vorher genau vom Arzt angepaßt worden ist. Kondome kann man manchmal in öffentlichen Toiletten, beim Friseur oder aus Automaten (die häufig in Gaststättentoiletten aufgestellt sind) beziehen. Die Preise der einzelnen Mittel könnt ihr in der Tabelle «Sichere Empfängnisverhütung» entnehmen.

Die Pille

Zuverlässigkeit

Wenn man die Gebrauchsanweisung genau befolgt, ist die Pille hundertprozentig sicher. – Die Pille enthält zwei Hormone (Östrogen und Progesteron), die verhindern, daß ein Ei in einem Eierstock heranreift. Wenn die Eireifung ausbleibt, kann es nicht zum Eisprung und infolgedessen auch nicht zu einer Schwangerschaft kommen. Nur wenn man sich nicht an die Gebrauchsanweisung hält und die Pille nicht regelmäßig einnimmt, ist sie unsicher.

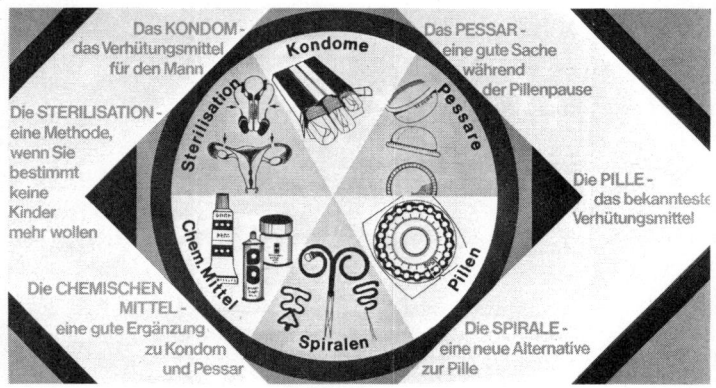

Verschiedene Arten

Es gibt verschiedene Sorten und Marken, die sich mehr oder weniger in der Zusammensetzung der Hormone oder in der Anwendung unterscheiden. Manche Packungen enthalten 21 Pillen: man nimmt sie 21 Tage lang täglich zur gleichen Zeit, setzt dann sieben Tage aus und beginnt anschließend mit einer neuen Packung. Andere Packungen haben 28 Pillen: auch sie werden täglich zur gleichen Zeit eingenommen; wenn eine Packung aufgebraucht ist, beginnt man mit der nächsten. Allen Packungen liegen Gebrauchsanweisungen bei; unabhängig davon sollte man sich aber auch beim Arzt oder in der Beratungsstelle informieren (denn manche Hersteller können zwar gute Pillen machen, aber nicht so gute Gebrauchsanweisungen). Falls eine bestimmte Marke unangenehme Nebenwirkungen hervorruft, sollte man den Arzt oder die Beratungsstelle aufsuchen; man wird dort ein anderes Präparat verschrieben bekommen, wenn die Nebenwirkungen länger als einige Wochen anhalten. Einige Mädchen klagen darüber, daß sie die Pille nicht vertragen. Das kann verschiedene Gründe haben. Manchmal verbirgt sich dahinter ein Problem, das nur im gemeinsamen Gespräch mit dem Partner und einem Berater erkannt und gelöst werden kann. Es kommt relativ selten vor, daß ein Mädchen die Pille überhaupt nicht verträgt, so daß dann eine andere Methode benutzt werden muß.

Was man beachten sollte

Man sollte die Pille immer zur gleichen Zeit einnehmen; am besten gleich morgens nach dem Aufstehen. Die Gebrauchsanweisung in der Packung sollte unbedingt genau befolgt werden. Wenn man die Pille zum erstenmal nimmt oder wenn man die Marke gewechselt hat, sollte man in den ersten beiden Wochen auf jeden Fall ein anderes Verhütungsmittel zusätzlich benutzen. Noch einmal: die Pille muß jeden Tag geschluckt werden und nicht nur dann, wenn man miteinander geschlafen hat. Man kann zwar auf eine andere Marke überwechseln, wenn man eine Packung verbraucht hat; aber man sollte auf gar keinen Fall einzelne Pillen verschiedener Präparate austauschen. Folgendes ist unbedingt zu beachten: vergißt man die Pille ein- oder zweimal, kann doch eine Eizelle heranreifen. Schwangerschaften durch solche Einnahmefehler sind nicht selten. Was muß man tun? Man sollte die Packung unbedingt bis zu Ende verbrauchen. Zusätzlich muß man sich dann in dieser Zeit durch ein anderes Mittel (Kondom oder chemische Präparate) schützen. Das gleiche gilt, wenn man Durchfall oder Erbrechen hat, weil die Hormone der Pille dann vielleicht vom Körper nicht ausreichend aufgenommen werden und der Schutz sich dadurch verringert.

Nebenwirkungen
Wenn ein Mädchen beginnt, die Pille einzunehmen, muß sich ihr Körper erst langsam an die Hormone gewöhnen. Am Anfang wird man darum vielleicht eine der folgenden Nebenwirkungen spüren: Müdigkeit, Übelkeit (besonders morgens), Zwischenblutungen, Kopfschmerzen, Nervosität, Anschwellen der Brüste, Entzündungen in der Scheide; vielleicht wird man auch ein paar Pfund zunehmen. Manchmal kann auch die Blutung ausbleiben, die normalerweise kurz nach Absetzen der Pille eintritt. Wenn man Anlaß hat, eine Schwangerschaft zu befürchten, kann man einen Schwangerschaftstest vornehmen lassen. Meistens vergehen die Nebenwirkungen der Pille nach ein paar Wochen wieder. Falls nicht, sollte man den Arzt oder die Beratungsstelle aufsuchen. Dort wird einem dann ein anderes Präparat verschrieben. Es hat sich herausgestellt, daß jeder Körper anders auf die Pille reagiert; manchmal dauert es also eine Weile, bis man das richtige Präparat für den eigenen Körper gefunden hat. Falls man den Eindruck hat, daß der Arzt nicht genügend Verständnis aufbringt, sollte man ruhig einen anderen Arzt oder eine Beratungsstelle aufsuchen.

Kontraindikationen

Kontraindikationen sind Gründe, bei deren Vorliegen man die Pille nicht einnehmen sollte. – Nicht jeder ist davon überzeugt, daß bisher alle unerfreulichen Wirkungen der Pille ausreichend erforscht worden sind. Von manchen Menschen werden die möglichen Gefahren wohl darum übertrieben, weil sie sich nicht an den Gedanken gewöhnen können, daß Frauen so einfach und wirkungsvoll selbst bestimmen wollen, wann sie Kinder bekommen und wie viele. Immer noch meint eine überraschend große Anzahl von Menschen, daß man nur dann Geschlechtsverkehr haben darf, wenn man auch Kinder haben will.

Es gibt jedoch auch einige Krankheiten, bei denen man die Pille wirklich nicht einnehmen darf. Dies ist bei den meisten Blutgerinnungserkrankungen (Thrombose, Thromboseneigung) und bei bestimmten Lebererkrankungen der Fall; außerdem bei einigen anderen Krankheiten, die aber sehr selten sind. Dies ist auch einer der Gründe, warum es die Pille nur nach ärztlicher Untersuchung auf Rezept gibt. – Die Behauptung, daß die Pille Krebs hervorrufen könne, ist falsch. – Einige Frauen haben den Eindruck, daß, wenn sie die Pille nehmen, sie weniger stark sexuell erregbar sind. Das kann verschiedene Gründe haben. Das Absetzen der Pille ist aus diesem Grund nur äußerst selten erforderlich. In jedem Fall solltet ihr über ein solches Problem miteinander sprechen und euch gemeinsam an einen Arzt oder eine Beratungsstelle wenden.

Nachteile

Die meisten Nachteile der Pille sind bereits als Nebenwirkungen oder Kontraindikationen beschrieben worden. Es kann für ein Mädchen manchmal schwierig sein, wenn ihre Eltern nicht wissen sollen, daß sie die Pille nimmt. Auf keinen Fall sollte man dann die Pillen aus der Packung herausnehmen und sie irgendwo anders verstecken – die Gefahr, daß man sie nicht mehr regelmäßig oder in falscher Reihenfolge einnimmt, ist einfach zu groß.

Vorteile
Solange die Gebrauchsanweisungen genau befolgt werden,
gibt die Pille hundertprozentigen Schutz. Viele Frauen erleben, daß sie dadurch in der Sexualität angstfreier und unbe-
fangener werden und viel mehr Spaß haben. Auch Menstrua-
tionsbeschwerden werden durch die Einnahme der Pille oft
geringer. Manche Präparate haben außerdem auf unreine
Haut einen günstigen Einfluß.

Die Mini-Pille

Zuverlässigkeit
Um die Sicherheit einer empfängnisverhütenden Methode zu
bestimmen, gibt man an, wie viele Schwangerschaften eintreten würden, wenn diese Methode von 100 Frauen ein Jahr
lang angewendet wird. – Bei der Einnahme der Mini-Pille
würden unter diesen Voraussetzungen zwei Schwangerschaften eintreten.

Wie sie wirkt
Durch verschiedene Untersuchungen hat man herausgefunden, daß einige der Nebenwirkungen der üblichen Pille (die
aus den Hormonen Östrogen und Progesteron zusammenge-
setzt ist) durch das Östrogen hervorgerufen werden. Deshalb
hat man die Mini-Pille entwickelt, die nur Progesteron enthält. Sie verhindert in erster Linie, daß Samenzellen in die
Gebärmutterhöhle eindringen. Außerdem kann sich die Gebärmutterschleimhaut unter ihrem Einfluß nicht normal entwickeln, so daß selbst ein befruchtestes Ei sich nicht einnisten
könnte.

Was man beachten sollte
Die Mini-Pille muß jeden Tag geschluckt werden – und zwar
unbedingt regelmäßig und jedesmal zu genau der gleichen
Zeit. Wenn sie nur ein paar Stunden später eingenommen

wird als am Tag zuvor, kann sie nicht mehr mit Sicherheit eine Schwangerschaft verhüten.

Nachteile
Aus diesen Gründen ist sie nicht so zuverlässig wie die übliche Pille. Auch verursacht sie in den ersten Monaten des öfteren unregelmäßige Blutungen. Darüber hinaus finden es viele Frauen lästig, sie jeden Tag zur gleichen Zeit einnehmen zu müssen, weil sie nicht gern wie ein Uhrwerk funktionieren wollen.

Vorteile
Die bei der üblichen Pille bestehenden Kontraindikationen gelten für die Mini-Pille nicht – ausgenommen sind hier nur einige Lebererkrankungen.

Intra-Uterin-Pessar

Zuverlässigkeit
Von hundert Frauen, die das Intra-Uterin-Pessar ein Jahr lang benutzen, werden zwei schwanger.

Wie es wirkt
Intra-Uterin bedeutet «innerhalb des Uterus» (innerhalb der Gebärmutter), in den das Pessar eingelegt wird. Es ist ein kleines, flaches, bewegliches Ding (aus Plastik oder Kupfer), das nur vom Arzt angepaßt werden sollte. Es gibt verschiedene Ausführungen, zum Beispiel Spiralen und Schleifen. Als besonders gut verträglich hat sich das neue «Kupfer-T-Pessar» erwiesen. Schon der Name kennzeichnet Form und Material: aus biegsamem Kunststoff wird ein kleines T geformt, dessen senkrechter Teil mit hauchdünnem Kupferdraht umwickelt ist. Am Ende der Intra-Uterin-Pessare befinden sich zwei dünne Fäden, so daß sie leicht wieder aus der Gebärmutter herausgezogen werden können. Auch das sollte der Arzt tun.

– Über die Wirkungsweise herrscht noch keine völlige Klarheit. Wahrscheinlich spielt dabei sowohl ein mechanischer als auch ein chemischer Vorgang (durch das Kupfer) eine Rolle.

Einlegen des Intra-Uterin-Pessars

Das Einlegen eines Intra-Uterin-Pessars ist zwar nicht sehr kompliziert, sollte aber trotzdem nur vom Arzt vorgenommen werden. Viele Hausärzte haben damit wenig Erfahrung, so daß es empfehlenswert ist, einen frauenärztlich ausgebildeten Arzt oder eine Beratungsstelle aufzusuchen.

Das Intra-Uterin-Pessar sollte am besten in den letzten Tagen der Regelblutung eingelegt werden, weil zu diesem Zeitpunkt der Muttermund stärker als sonst erweitert ist und dadurch das Einlegen erleichtert wird. Es muß nach einer gründlichen gynäkologischen Untersuchung unter sterilen Bedingungen eingepaßt werden. Dies geschieht mit Hilfe eines dünnen Plastikröhrchens (in dem sich das Intra-Uterin-Pessar zusammengelegt befindet), das so weit durch den Muttermund in die Gebärmutter vorgeschoben wird, bis seine Spitze die rückwärtige Gebärmutterwand berührt. Das Einführungsrohr wird dann herausgezogen, während das Intra-Uterin-Pessar in der Gebärmutter verbleibt; die aus dem Muttermund heraushängenden Fäden können jetzt gegebenenfalls mit einer Schere etwas gekürzt werden. Soll das Intra-Uterin-Pessar einmal entfernt werden, braucht der Arzt im allgemeinen lediglich an diesen Fäden zu ziehen. – Einlegen und Entfernen dauern nur wenige Minuten. Das Einlegen ist oft etwas schmerzhaft, besonders dann, wenn man sich aus Angst sehr verkrampft. Man sollte versuchen, so entspannt wie möglich zu sein. Dann spürt man normalerweise kaum etwas.

Nachteile

Die Gebärmutter ist nicht darauf eingestellt, einen Fremdkörper in sich zu tragen, so daß sie dazu neigt, ihn auszustoßen. Dabei kann es zu krampfartigen Schmerzen oder auch Blutungen kommen. Manchmal helfen eine warme Wärmflasche oder auch Tabletten, die man sonst nimmt, wenn man Menstruationsschmerzen hat. Falls starke Schmerzen, starke Blutungen oder auch Fieber auftreten, ist unverzüglich der Arzt aufzusuchen. Das Intra-Uterin-Pessar muß dann wieder entfernt werden. Später kann man noch ein- oder zweimal versuchen, ob man mit dem Intra-Uterin-Pessar zurechtkommt. Es kann auch unbemerkt aus der Gebärmutter heraustreten, deshalb sollte man seine Lage einmal wöchentlich überprüfen. Das ist am einfachsten, indem man sich hinhockt oder mit angewinkelten Beinen auf den Rücken legt; dabei kann man dann einen oder zwei Finger in die Scheide einführen und sich so überzeugen, daß nur die Fäden in der Scheide liegen. Wenn die Fäden nicht in der Scheide sind oder wenn sich sogar das Intra-Uterin-Pessar dort befindet, sollte man zum Arzt gehen. In der Zwischenzeit sollte eine andere Verhütungsmethode angewendet werden.

Ein Intra-Uterin-Pessar kann auch ernsthafte Komplikationen verursachen. Es kann gefährliche Infektionen in den inneren Sexualorganen hervorrufen oder – was aber sehr selten ist – sogar die Gebärmutterwand ernsthaft verletzen. Diese Nachteile treten aber nur in Ausnahmefällen auf und machen sich durch starke Schmerzen schnell bemerkbar. – Wenn man ein Intra-Uterin-Pessar trägt und trotzdem die Regelblutung ausbleibt, sollte man sofort den Arzt aufsuchen. Da ja trotz des Pessars in einigen Ausnahmefällen eine Schwangerschaft entstehen kann, könnte es zu Komplikationen kommen. Die Regelblutung kann aus verschiedenen Gründen ausgeblieben sein, aber der Arzt sollte euch hier Sicherheit geben.

Vorteile
Das Intra-Uterin-Pessar gibt euch Sicherheit, ohne daß ihr täglich daran denkt. Einige der Pessare können bis zu zwei Jahren in der Gebärmutter bleiben; dennoch solltet ihr euch mindestens einmal im Jahr gynäkologisch untersuchen lassen. Ein weiterer Vorteil beim Anwenden dieser Methode ist, daß sie euer sexuelles Erleben in keiner Weise behindert. Nach-

114

dem das Pessar einmal eingelegt ist, muß man bis auf die wöchentliche Kontrolle nichts mehr beachten. Und es ist fast so zuverlässig wie die Pille, ohne daß es deren Nebenwirkungen hat.

Kondom

Zuverlässigkeit
Andere Ausdrücke für das Kondom: Präservativ, Fromms, Gummi, Pariser usw. – Wenn 100 Paare das Kondom ein Jahr lang benutzen, werden vier Frauen dennoch schwanger.

Wie es wirkt
Das Kondom ist aus sehr dünnem Gummi. Es muß vor dem Geschlechtsverkehr über den steifen Penis gezogen werden. Wenn der Junge eine Ejakulation hat, ergießt sich seine Samenflüssigkeit in das Kondom und kann dadurch nicht in die Scheide gelangen. Zum Überstreifen legt man das Kondom einfach auf die Spitze des versteiften Glieds und rollt es mit den Fingern vorsichtig ab. Dabei muß man darauf achten, daß es am Ende nicht ganz straff über der Spitze liegt, sondern daß ein wenig Freiraum für die Samenflüssigkeit bleibt. Man sollte das ruhig vorher mal in Ruhe üben.
Nach dem Geschlechtsverkehr ist es wichtig, den Schwanz vor dem Nachlassen der Versteifung aus der Scheide zu ziehen und dabei das Kondom am Gliedende festzuhalten, um ein Abrutschen zu vermeiden. Sonst wäre ja alle Vorsicht umsonst gewesen. Bleibt das Kondom dennoch einmal in der Scheide, ist es unbedingt empfehlenswert, möglichst schnell hinterher spermientötende chemische Mittel in die Scheide einzuführen (z. B. Tabletten, Sprays oder anderes).

Was man beachten sollte
Es ist wichtig, daß das Kondom über den Penis gezogen wird, bevor er mit den Sexualorganen des Mädchens in Berührung kommt. Sonst besteht die Gefahr, daß Samen, der bereits vor

dem Orgasmus unbemerkt abgestoßen wurde, das Mädchen schwanger macht, ohne daß sie den Penis überhaupt in sich gehabt hat. – Es gibt viele verschiedene Arten von Kondomen. Solche mit einer Gleitsubstanz erleichtern den Geschlechtsverkehr insofern, als sich der Schwanz leichter in die Scheide einführen läßt. Am sichersten sind Präservative mit einem Reservoir (Samenauffangbeutel). Auf jeden Fall sollte man nur elektronisch geprüfte Kondome verwenden.

Nachteile

Manchen Jungen kommt es so vor, als wenn Geschlechtsverkehr mit einem Kondom dasselbe ist wie Gitarrespielen mit Handschuhen! Ein kleines bißchen mag tatsächlich die Berührungsempfindlichkeit der Haut herabgesetzt sein. Weil der Junge seinen Schwanz gleich nach der Ejakulation zurückziehen sollte, fühlen sich Mädchen manchmal ein bißchen enttäuscht, wenn sie den Penis im Grunde noch gern ein bißchen in sich gefühlt hätten, – besonders dann, wenn sie selbst noch keinen Orgasmus gehabt haben. Probleme für beide Partner kann es auch hervorrufen, wenn man mitten im Vorspiel unterbrechen muß, um das Kondom überzuziehen. Für einen Jungen ist es dann besonders schwierig, wenn der Penis dabei wieder abschlafft.

Vorteile

Kondome kann man sich leicht besorgen, sie sind billig und einfach zu handhaben. Manche Paare finden, daß das Überziehen eines Kondoms – und man kann es natürlich gemeinsam machen – ganz reizvoll und aufregend ist. Präservative schützen auch vor Geschlechtskrankheiten (z. B. Tripper). Eine Warnung noch: Es gibt Mini-Kondome, die nur die Spitze des Penis bedecken; sie sind sehr unsicher und deswegen für die Empfängnisverhütung nicht geeignet.

Scheidenpessar (Diaphragma)

Wenn das Scheidenpessar gemeinsam mit spermientötenden Mitteln von 100 Frauen ein Jahr lang benutzt wird, werden dennoch vier schwanger. Ein Diaphragma sieht wie eine kleine, flache Gummischale aus. Es ist aus dünnem Material, mit einem kreisförmigen, mit Gummi überzogenen Metallrand. Es gibt aber auch Pessare aus Kunststoff (Kappenpessare), die etwas kleiner sind als die Scheidenpessare. Pessare sollen in der Vagina über dem Muttermund liegen und so den Eingang zur Gebärmutter verschließen. Es gibt sie in verschiedenen Größen; damit sie wirklich genau anliegen, müssen sie vom Arzt angepaßt werden, der bei einer üblichen gynäkologischen Untersuchung die richtige Größe herausfinden wird. Dabei kann euch der Arzt auch zeigen, wie ihr das zu Hause selbst machen könnt. Probiert es auf jeden Fall bereits in der Praxis des Arztes aus. Selbst wenn es am Anfang noch etwas schwierig ist – mit ein bißchen Übung werdet ihr dann gut zurechtkommen.

Einige Punkte müßt ihr dabei beachten: Das Pessar sollte nicht früher als drei Stunden vor dem Geschlechtsverkehr eingelegt werden. Als alleiniges Verhütungsmittel ist es zu unsicher. Bestreicht es mit einer samentötenden Creme von beiden Seiten, bevor ihr es einlegt. Diese Salbe könnt ihr euch vom Arzt gleich mit verordnen lassen. Ihr solltet das auf keinen Fall vergessen, denn wenn ein Pessar einmal unglücklicherweise verrutscht, habt ihr wenigstens einen Schutz durch die Creme. Man legt das Diaphragma ein, indem man es schmal zusammendrückt und behutsam mit den Fingern in die Vagina hineinschiebt, bis es vor dem Muttermund liegt und diesen genau bedeckt. Wenn es richtig liegt, kann man in der Mitte des Pessars den Gebärmuttermund spüren. – Es ist nicht nötig, das Pessar zu entfernen, wenn ihr erst nach der Drei-Stunden-Frist Geschlechtsverkehr habt. In diesem Fall solltet ihr aber zusätzlich spermientötende Creme in die Vagina einführen. Das Pessar darf frühestens acht Stunden nach dem Geschlechtsverkehr herausgenommen werden. Es versteht sich von selbst, daß man Pessare nicht leihen oder verleihen sollte, nicht nur aus hygienischen Gründen, sondern weil selbst kleine Größenunterschiede keinen sicheren Schutz mehr bieten. Falls sich euer Körpergewicht im Laufe der Zeit um mehrere Kilo verändert, solltet ihr euch ein neues Pessar anpassen lassen. Voraussetzung für die Anwendung eines Pessars ist in der Regel, daß ein Mädchen nicht zum erstenmal Geschlechtsverkehr hat.

Nach der Benutzung müssen Pessare mit warmem Wasser und milder Seife vorsichtig gereinigt und sehr sorgfältig getrocknet werden. Haltet das Pessar gegen das Licht, um zu sehen, ob es unbeschädigt ist. Falls es ein bißchen verformt ist, biegt es vorsichtig zurück. Ein Pessar kann in der Scheide nicht verlorengehen. Es kommt immer auf dem gleichen Weg wieder heraus, wie es hineingekommen ist.

Manchmal kann der Junge mit der Spitze seines Schwanzes das Pessar fühlen – obgleich das nicht üblich ist, wenn es wirklich richtig auf seinem Platz sitzt. Ein wenig Mühe macht auch das Einlegen oder das Herausnehmen des Pessars.

Wenn ihr das Pessar gut pflegt, sorgfältig damit umgeht (es nicht mit langen Fingernägeln einlegt) und es grundsätzlich immer mit chemischen Verhütungsmitteln benutzt, dann kann es eine recht zuverlässige Methode sein. Es ist vor allem für Paare empfehlenswert, die aus den unterschiedlichsten Gründen die Pille, das Intra-Uterin-Pessar oder ein Kondom nicht benutzen wollen.

Chemische Verhütungsmittel

Werden chemische Verhütungsmittel allein genommen, ist die Zuverlässigkeit sehr gering. Wenn sich 100 Frauen über ein Jahr lang mit chemischen Mitteln gegen eine Schwangerschaft schützen, kommt es dennoch bei rund 30 zu einer Befruchtung. Deshalb sollten samentötende Substanzen immer mit einer anderen Methode (z. B. Kondom oder Pessar) benutzt werden. – Es gibt eine ganze Reihe samentötender Präparate: Schaumsprays, Cremes, Gelees, Pasten, Zäpfchen oder Tabletten. Kurz vor dem Geschlechtsverkehr müssen sie ganz tief in die Scheide eingeführt werden. Dies ist bei den meisten Präparaten auch möglich, wenn das Mädchen vorher noch nie mit einem Jungen gevögelt hat. Man muß es dann bloß ein bißchen vorsichtiger machen. Bei richtiger Anwendung muß die größte Menge des samentötenden Mittels direkt vor dem Muttermund liegen. Der männliche Samen wird dort abgetötet und kann so nicht mehr in die Gebärmutter eindringen. Wie lange die einzelnen Mittel wirken, steht auf der jeweiligen Gebrauchsanweisung, an die ihr euch auf jeden Fall halten solltet.

Man sollte nur solche Präparate benutzen, die einem ärztlicherseits empfohlen worden sind; denn es gibt auch Marken, die Allergien oder Wundsein hervorrufen können oder aber Kondome und Pessare spröde und rissig machen. Manche Paare lehnen chemische Verhütungsmittel aus anderen Gründen ab: sie empfinden es zum Beispiel als äußerst unangenehm, so deutliche und vielleicht manchmal ein wenig umständliche Vorbereitungen unmittelbar vor dem Geschlechtsverkehr zu treffen. Außerdem kann der natürliche Körpergeruch durch die Mittel überdeckt und beeinträchtigt werden. Zu beachten ist auch, daß man erst mehrere Stunden nach dem Geschlechtsverkehr ein Bad nehmen darf, weil sonst die Wirkung der Mittel verringert werden kann. Auch diesbezüglich haltet euch bitte genau an die Gebrauchsanweisungen.

Chemische Mittel gibt es ohne Rezept. Man kann ganz einfach in die Apotheke gehen und sie dort verlangen. Nochmals zur Warnung: So sehr ihr euch sonst an die Gebrauchsanweisungen halten solltet, glaubt ihnen aber nicht, wenn sie versprechen, daß chemische Mittel allein ausreichend sicher sind. Sie sind es ganz bestimmt nicht!

Sterilisation

Alle bisher beschriebenen Methoden der Geburtenkontrolle sind wieder rückgängig zu machen. Das heißt, wenn ihr irgendwann doch ein Baby haben wollt, könnt ihr ganz einfach das jeweilige Mittel absetzen und ohne Schutz miteinander vögeln. Nicht so bei der Sterilisation. Sie ist keine Methode der vorübergehenden Empfängnisverhütung, sondern sie beendet die Fortpflanzungsfähigkeit.

Es gibt verschiedene Operationsmethoden zur Sterilisation. Bei der Frau werden in der Regel beide Eileiter, beim Mann beide Samenleiter unterbunden. Danach kann bei der Frau kein Ei mehr in die Gebärmutter gelangen. Und beim Mann enthält die Flüssigkeit, die nach wie vor bei der Ejakulation aus dem Penis herausspritzt, keine Samenzellen mehr. Der kleinere, ungefährlichere und billigere Eingriff ist die Sterilisation des Mannes.

Nur in ganz wenigen Ausnahmefällen ist es bisher gelungen, die Sterilisation wieder rückgängig zu machen. Deshalb sollte jeder, der sie an sich durchführen lassen möchte, ganz sicher sein, daß er in der Zukunft keine Kinder (mehr) haben möchte. Bei jungen Menschen wird eine Sterilisation von ärztlicher Seite nur dann befürwortet und durchgeführt, wenn ganz besondere (z. B. medizinische) Gründe dafür vorliegen.

Kalender-Methode (Knaus-Ogino-Methode)

Von 100 Frauen, die diese Methode ein Jahr lang benutzen, werden trotzdem 30 schwanger. Die Kalender-Methode (sie wurde von den Wissenschaftlern Knaus und Ogino erstmals beschrieben) beruht auf der Annahme von sogenannten «sicheren» Tagen. Um sie anzuwenden, muß man ein Jahr lang die Tage von einer Periode zur anderen zählen. Das können einmal 26, 28, 30 oder auch mehr oder weniger Tage sein. Besonders bei jungen Mädchen sind die Zeiträume ziemlich un-

Sichere Empfängnisverhütung

Methode/ Mittel	Was es ist	Wirkungsweise	Sicherheit	Art der Anwendung	Wirkungsdauer	Wo zu beschaffen	Preis
Hormonale Kontrazeption: Pille, Minipille	Hormone, die von der Frau eingenommen werden	Verhindern die Eireifung und die Spermienwanderung	Sehr sicher	täglich	Wirkt, solange sie regelmäßig eingenommen werden. (Ärztliche Kontrolle ist zu empfehlen)	Apotheke. Mit Rezept	Pillen für ein Monat: ca. 7 bis 9 DM
Intra-Uterin-Pessar (Spirale)	Kunststoffdraht. Wird der Frau in die Gebärmutter eingesetzt	Verhindert Einnistung des Eis	Sehr sicher	Muß vom Arzt eingesetzt werden	Wirkt für mind. zwei Jahre. Ärztliche Kontrolle empfehlenswert	Arzt. Apotheke, mit Rezept	ca. 35 DM
Kondom (Präservativ, Pariser usw.)	Gummischutz. Wird vom Mann über den Penis gezogen	Verhindert Samenerguß in der Scheide	Sicher, wenn richtig angewandt	Jeweils vor Verkehr	Einmalige Anwendung	Apotheke, Drogerie, Automaten	Drei Stück ca. 2 DM
Scheiden-Pessar (Diaphragma) + chem. Mittel	Gummi oder Kunststoff. Unbedingt mit samentötendem Gel bestreichen. Deckt den Gebärmuttermund ab	Verhindert Eindringen des Samens in die Gebärmutter	Nur sicher, wenn mit Gel bestrichen und zusätzlichem chem. Mittel	Jeweils vor Verkehr von der Frau selbst	Einmalige Wirkung. Nach jeder Benutzung reinigen. Sollte nach Verkehr ca. acht Stunden liegen bleiben	Apotheke, mit Rezept	ca. 15 bis 17 DM
Sterilisation	Operation bei Mann oder Frau	Unterbrechung von Samen- bzw. Eileitern	Sehr sicher	einmalig	Wirkt auf Dauer. Nur unter sehr schwierigen Bedingungen wieder rückgängig zu machen. Deshalb für Mädchen nicht empfehlenswert		Wird je nach Begründung des Arztes von Kasse bezahlt

terschiedlich. Man muß dann von der kürzesten Zeit 17 Tage, von der längsten Zeit 13 Tage abziehen. Ein Beispiel: kürzeste Zeit 27 Tage − 17 = 10, längste Zeit 31 Tage − 13 = 18. Das heißt: vom 10. bis 18. Tag besteht die größte Möglichkeit einer Schwangerschaft, vom 1. bis 9. Tag und vom 19. Tag bis zum Beginn der Menstruation ist die Möglichkeit einer Schwangerschaft wieder geringer. Bei der Kalender-Methode muß man also ziemlich viel rechnen. Sie ist schon deshalb nicht geeignet, weil junge Mädchen noch eine leicht unregelmäßige Periode haben. Selbst wenn ihr den Eindruck habt, daß euer Menstruationsrhythmus schon ziemlich regelmäßig ist, so kann das jederzeit durch äußere Einflüsse einmal verändert werden. Es gibt keinen Tag im Monat, an dem ihr absolut sicher sein könnt, daß kein Eisprung erfolgt und keine Befruchtung möglich ist.

Die Kalender-Methode ist die einzige empfängnisverhütende Methode, die von der katholischen Kirche akzeptiert wird. Deshalb wird sie in einigen Ländern auch als «vatikanisches Roulette» bezeichnet. Da für unverheiratete katholische Jugendliche, die nach den Gesetzen ihrer Kirche leben wollen, Geschlechtsverkehr sowieso nicht zulässig ist, kann es ihnen auch keinen Vorteil bringen, diese Methode zu benutzen. Falls ein Paar sie dennoch wählt, sollte es sich auf jeden Fall genaue Informationen vom Arzt oder von der Beratungsstelle holen. Von der beschriebenen Unzuverlässigkeit dieser Methode abgesehen, ist es sicher auch nicht jedermanns Sache, die sexuellen Bedürfnisse vom Kalender abhängig machen zu müssen.

Aufpassen (Coitus interruptus)

Der Coitus interruptus gilt als die älteste Methode der Empfängnisverhütung überhaupt. Seine Zuverlässigkeit ist jedoch nur sehr gering: von 100 Paaren, die diese Methode ein Jahr lang anwenden, werden mindestens 20 Frauen schwanger. −

Beim Coitus interruptus zieht der Junge seinen Schwanz kurz vor der Ejakulation aus der Scheide des Mädchens wieder heraus. Dadurch soll verhindert werden, daß Sperma in die Vagina gelangt.

Eine Methode mit einer so geringen Zuverlässigkeit ist natürlich überhaupt nicht empfehlenswert, wenn man nicht schwanger werden möchte. Selbst wenn das Herausziehen des Glieds aus der Scheide vor der Ejakulation klappt – was immerhin einige Übung verlangt –, können dennoch einige Tropfen Samenflüssigkeit in der Scheide verbleiben, ohne daß ihr es merkt. – Außerdem kann diese Methode das Lustempfinden stark beeinträchtigen. Es ist zum Beispiel sehr schwierig für ein Paar «aufzupassen», wenn sie auf ihm sitzt. Der Junge wird durch das Herausziehen im Orgasmus unterbrochen, das Mädchen bekommt zumeist gar keinen. Und was gerade vermieden werden soll – nämlich daß man unsicher, ängstlich und angespannt miteinander schläft –, wird durch diese Methode gefördert.

Scheidenspülung

Auch die Scheidenspülung ist völlig unzuverlässig. – Aus einem kleinen Gummiball wird durch einen dünnen, langen Schlauch eine chemische Flüssigkeit in die Scheide gespritzt. So soll nachträglich Samenflüssigkeit herausgespült werden. Praktisch bedeutet das, daß ein Mädchen sofort nach dem Geschlechtsverkehr ins Bad laufen muß, um die Scheide auszuspülen.

Das größte Problem dabei ist, daß die Spermien sehr viel schneller von der Vagina aus in die Gebärmutter gelangen können als irgend jemand ins Badezimmer. Außerdem kann der Druck, mit dem die Spülung ausgeführt wird, Spermien manchmal eher noch in die Gebärmutter hineinbefördern, anstatt sie aus der Scheide herauszuspülen. – Bei manchen Infektionen kann eine Scheidenspülung angebracht sein; sie sollte dann aber nur unter ärztlicher Kontrolle durchgeführt werden. Als empfängnisverhütende Methode ist sie jedoch ganz ungeeignet.

Hormonelle Mittel der Zukunft?

Es wird euch klargeworden sein, daß es noch keine Methode zur Schwangerschaftsverhütung gibt, die ganz ohne Nachteile ist. Die Forschung ist ständig dabei, neue Methoden zu entwickeln und die alten zu verbessern.
Die im folgenden aufgeführten Mittel sind noch nicht so verbreitet. Falls ihr mehr darüber wissen wollt, setzt euch mit eurem Arzt oder eurer Beratungsstelle in Verbindung.

Pille davor – Pille danach
Diese Pillen enthalten sehr hohe Dosen des Hormons Östrogen. Man beginnt mit der Einnahme kurz vor oder kurz nach dem Geschlechtsverkehr und setzt sie in der Regel fünf Tage lang fort. Ihr solltet euch auch in diesem Fall genau an die Gebrauchsanweisung halten und sie nicht ohne Kontrolle des Arztes einnehmen. Ein Nachteil ist, daß sie starke Übelkeit hervorrufen können. Wie schon bei der «Pille» gibt es auch hier Gründe, wann sie überhaupt nicht angewendet werden darf.

Drei-Monats-Spritze, Jahresspritze
Hierbei werden alle drei Monate oder einmal im Jahr hohe Hormongaben in einen Muskel (Hintern, Oberschenkel, Oberarm) gespritzt. Sie wirken ähnlich wie bei der Pille, haben zusätzlich aber auch einen stärkeren Einfluß auf die Gebärmutterschleimhaut. Wenn die Injektionen immer pünktlich vorgenommen werden, sind diese Präparate sehr zuverlässig. Die Nebenwirkungen entsprechen mehr oder weniger den Begleiterscheinungen bei der Pille. Auch sind ganz ähnliche Kontraindikationen zu beachten. – Unangenehm sind die Zy-

klusstörungen, das heißt unregelmäßige Blutungen von unterschiedlicher Stärke und Dauer. Außerdem kann die Wirkungsdauer nicht verkürzt werden, wenn man nach einiger Zeit merkt, daß man das Präparat nicht verträgt oder gerade jetzt ein Kind haben möchte. Schließlich bleibt nach Absetzen des Mittels häufig die Monatsblutung für mehrere Monate ganz aus. Vorteilhaft ist die hohe Zuverlässigkeit und daß ihr nicht jeden Tag zur gleichen Zeit daran denken müßt.

Pille für den Mann
Nachdem soviel über hormonelle Kontrazeptiva für die Frau geschrieben wurde, werdet ihr euch fragen, ob es nicht auch – neben dem Kondom – ähnliche Mittel für den Mann gibt. Diese Frage ist um so berechtigter, als die zwei zuverlässigsten Methoden (die Pille und das Intra-Uterin-Pessar) ja durchaus nicht frei von unangenehmen Nebenwirkungen für die Frau sind. – Manchmal hört man, daß es deswegen noch keine freiverkäuflichen hormonellen Mittel für den Mann gibt, weil sich bisher vor allem männliche Wissenschaftler mit der Erforschung empfängnisverhütender Methoden befaßt haben und diese vermutlich den eigenen Körper lieber nicht mit hormonellen Mitteln und deren möglichen Nebenwirkungen belasten wollen. Vielleicht ist das nicht ganz falsch, aber es gibt sicher noch andere Gründe. Seit Jahren werden erhöhte Anstrengungen unternommen, um auch eine verläßliche empfängnisverhütende Methode ohne allzu große Nebenwirkungen für den Mann zu finden. In Tierversuchen ist man damit bisher schon sehr erfolgreich gewesen, bei Menschen stößt man aber immer noch auf Schwierigkeiten.

Schwangerschaft

Woran merkt man es?

Es ist für ein Mädchen nicht immer ganz einfach zu erkennen, ob es tatsächlich schwanger ist. Schon bald, nachdem eine Eizelle durch eine Samenzelle befruchtet worden ist, werden Hormone produziert, die verhindern, daß weitere Eizellen heranreifen; meistens hat das Mädchen danach bis zum Ende der Schwangerschaft keine Monatsblutungen mehr. Das Ausbleiben der Regelblutung kann also das erste Zeichen einer Schwangerschaft sein. Wenn ein Mädchen sehr unregelmäßige Blutungen hat, ist das natürlich gar nicht so leicht festzustellen. Außerdem gibt es auch andere Gründe, warum eine Monatsblutung später kommt oder ganz ausbleibt, zum Beispiel eine Nahrungsumstellung, Erschöpfung, eine größere Reise oder besonders große Aufregung. So kann schon allein durch die Angst vor einer Schwangerschaft auch die Regelblutung einmal ausbleiben. Gleichgültig, ob ein Mädchen selten oder häufig Geschlechtsverkehr hat, ist es ganz gut, wenn sie jeden Monat notiert, wann ihre Menstruation kommt; es ist dann leichter für sie zu erkennen, ob ihre Blutung tatsächlich einmal ungewöhnlich lange ausbleibt. – Es gibt aber auch noch einige andere Zeichen für eine beginnende Schwangerschaft, zum Beispiel morgendliche Übelkeit, die vor allen Dingen in den ersten drei Monaten häufig vorkommt, oder das Anschwellen der Brüste, die sich dann vielleicht auch einmal ein wenig schmerzhaft anfühlen.
Falls ein Mädchen seit ihrer letzten Regelblutung keinen Geschlechtsverkehr gehabt hat, ist sie mit größter Wahrscheinlichkeit nicht schwanger – auch wenn die Regelblutung nicht zum üblichen Termin kommt. Andererseits kann es in der er-

sten Zeit einer Schwangerschaft durchaus vorkommen, daß noch menstruationsähnliche Blutungen auftreten. Eine Blutung ist also kein hundertprozentig sicheres Zeichen dafür, daß man nicht schwanger ist; sie ist dann aber weniger stark als sonst und dauert nur ein bis zwei Tage.

Wenn die Regelblutung ausgeblieben ist und ein Mädchen glaubt, daß es schwanger sein könnte, sollte es, um sicherzugehen, einen Schwangerschaftstest durchführen lassen. Zuverlässige Ergebnisse bringt dieser Test aber erst zwei Wochen nach dem erwarteten Menstruationstermin. Aber auch danach kann man sich auf das Testergebnis nicht hundertprozentig verlassen. Wenn der Test positiv ist, kann man mit großer Wahrscheinlichkeit annehmen, daß man schwanger ist. Auf ein negatives Ergebnis – das heißt, eine Schwangerschaft wurde nicht festgestellt – kann man sich aber weniger gut verlassen. Sicherheitshalber sollte man deshalb den Test einige Tage später noch einmal wiederholen. Wenn er jetzt immer noch negativ ist, ist man mit größter Wahrscheinlichkeit nicht schwanger.

Wenn dagegen zwei Monatsblutungen hintereinander ausbleiben, sollte man möglichst umgehend einen Arzt oder eine Beratungsstelle aufsuchen. Viele Mädchen versäumen das und verlieren so wertvolle Zeit. Häufig hoffen und warten sie darauf, daß ihre Monatsblutung dennoch kommt. Aber je früher ihr euch Gewißheit verschafft, um so eher könnt ihr euch auch beraten lassen – unabhängig davon, ob ihr ein Kind haben wollt oder nicht.

Verzichtet auf jeden Fall darauf, mit Pillen, Medikamenten oder irgendwelchen anderen Dingen herumzuexperimentieren, um die Monatsblutung zu bekommen. Das ist gefährlich und kann eine bestehende Schwangerschaft sowieso nicht beseitigen. Die «Pille danach» wirkt nur, wenn sie unmittelbar nach dem Geschlechtsverkehr und über mehrere Tage lang eingenommen wird; hat sich dagegen erst einmal ein befruchtetes Ei in der Gebärmutterschleimhaut eingenistet, dann ist man schwanger, und kein Mittel kann bewirken, daß ihr wieder eine Regelblutung bekommt. – Seid ihr dagegen nicht schwanger und die Regelblutung bleibt trotzdem aus, dann gibt es einige starke Hormon-Präparate, durch die man erreichen kann, daß die Regelblutung wieder auftritt. Diese Mittel werden jungen Mädchen von Ärzten nur sehr ungern verschrieben.

Manche Mädchen denken, daß man eine Monatsblutung durch heiße Bäder, heftiges Springen und Hüpfen oder Fahrradfahren über holpriges Pflaster hervorrufen kann. Es sind nicht wenige, die glauben, daß sie dadurch eine eingetretene Schwangerschaft unterbrechen könnten. Aber all diese Methoden helfen nichts.

Schwangerschaftstest

Es gibt heute verschiedene Tests, mit denen man schon ca. vierzehn Tage nach Ausbleiben der Regelblutung herausfinden kann, ob man schwanger ist. Die meisten arbeiten nach dem gleichen Prinzip: wenn ihr schwanger seid, wird in eurem Körper ein bestimmtes Hormon gebildet, das dann auch im Urin enthalten ist und sich dort nachweisen läßt.

Ihr könnt diese Tests beim Arzt oder in der Apotheke durchführen lassen. Seit mehreren Jahren gibt es jetzt auch schon Tests zum Selbermachen. Ihr könnt sie für rund 20 DM in Drogerien oder Apotheken kaufen. Die Handhabung aller Tests ist ziemlich einfach; um ein möglichst zuverlässiges Ergebnis zu erreichen, sollte man sich aber sehr genau an die Gebrauchsanweisung halten. Bei den meisten Tests muß der erste morgendliche Urin in einem Fläschchen aufgefangen und danach untersucht werden.

Und wenn du nicht schwanger bist?
Falls nach all diesen Untersuchungen festgestellt wird, daß du nicht schwanger bist, wirst du vielleicht erleichtert sein. Um dich in Zukunft vor unnötigen Ängsten und Sorgen zu schüt-

zen, solltest du dich spätestens jetzt über empfängnisverhütende Methoden informieren. Aber auch wenn du bereits eine Methode anwendest und dir nicht sicher warst, ob du schwanger geworden bist oder nicht, empfiehlt es sich, jetzt noch mal bei einem Arzt oder einer Beratungsstelle Rat zu suchen.

Wenn du schwanger bist

Wenn ein Mädchen kein Kind haben möchte, aber dennoch schwanger geworden ist, hat sie drei Möglichkeiten: sie kann das Kind behalten, es zur Adoption freigeben oder einen Schwangerschaftsabbruch vornehmen lassen. Manche Paare möchten ihr Kind bekommen und sobald wie möglich heiraten. Manchmal raten auch Eltern oder Verwandte zu einer Heirat. Ob es die richtige Entscheidung ist, solltet ihr jedoch letztlich selbst herausfinden. Falls ihr noch sehr jung seid und eure Eltern euch raten, das Kind zu bekommen und es dann zur Adoption freizugeben, wird es für euch recht schwierig sein, einen Schwangerschaftsabbruch durchzusetzen.

Erste Reaktionen
Wenn du ungewollt schwanger wirst, mag deine erste Reaktion Panik und Erschrecken sein. Das löst dein Problem zwar nicht, aber es ist in diesem Moment wohl natürlich, wenn du befürchtest, daß deine ganze Zukunft ruiniert sein wird. Selbstverständlich muß es nicht so schlimm kommen, obgleich du dir das in deiner Situation vielleicht nur schwer vorstellen kannst.
Es gibt Mädchen, die in diesem Moment von zu Hause weglaufen, weil sie glauben, es ihrer Familie nicht sagen zu können. Das ist nicht empfehlenswert, besonders wenn du noch sehr jung bist und niemanden hast, zu dem du sonst gehen kannst. – Du solltest auch auf gar keinen Fall versuchen, selbst das Kind abzutreiben. Nimmst du etwa Tabletten oder ein heißes Bad, trinkst eine ganze Flasche Schnaps oder stürzt

dich die Treppe hinunter, dann ist dir am Ende vielleicht übel, du hast Verbrennungen, einen dicken Kater oder gebrochene Glieder – aber schwanger bist du immer noch! Wenn irgendeine dieser Methoden helfen würde, gäbe es nicht so viele unerwünschte Kinder auf der Welt. Warnen kann man nur davor, eine Abtreibung selbst vorzunehmen oder von jemandem ausführen zu lassen, der kein Arzt ist. Das ist sehr gefährlich. Viele Mädchen und Frauen haben dabei schon dauerhaften Schaden erlitten oder sind sogar gestorben.

Einige Mädchen denken daran, sich in einer solchen Situation das Leben zu nehmen. Manche versuchen es auch. Schwanger zu sein ist aber nicht das Schlimmste auf der Welt – ihr habt ganz verschiedene Möglichkeiten, und es gibt ganz sicher Menschen, die euch helfen werden. Mit ein bißchen Ruhe, Geduld und Überlegung wird sich auch für dich der richtige Weg finden lassen. Und nach ein paar Wochen oder Monaten ist der Alptraum einer unerwünschten Schwangerschaft vielleicht überstanden. Zuerst mußt du dir klarmachen, daß Du mit diesem Problem nicht allein fertig werden kannst. Such Hilfe!

Wem sagst du es?

Fast immer wird ein Mädchen es ihren Eltern sagen (müssen), wenn sie schwanger ist – besonders wenn sie noch unter sechzehn ist. Aber zunächst wird es vielleicht helfen, wenn sie erst einmal mit einem anderen darüber spricht.

Freund

Am naheliegendsten ist es natürlich, wenn du es dem Jungen sagst, der mit betroffen ist. Jungen reagieren da ganz unterschiedlich. Der eine wird sich als der hilfsbereiteste und beste Freund der Welt zeigen. Der andere wird ärgerlich reagieren und nichts davon wissen wollen. Mancher Junge erschrickt vielleicht im ersten Augenblick mehr als das Mädchen. Das kann besonders dann der Fall sein, wenn er schon volljährig ist und du noch unter sechzehn bist; er befürchtet dann vielleicht, sich strafbar gemacht zu haben.

Freunde

Eine Freundin – besonders wenn sie all das bereits schon selbst erlebt hat – kann eine große Hilfe für dich sein. Auch alte Freunde, Nachbarn oder Verwandte können es vielleicht den Eltern sagen. Aber wie gut das Verhältnis zu deinen Freunden auch sein mag, sie wissen nicht unbedingt besser als du, was jetzt zu tun ist.

Lehrer

Manche Lehrer werden vermutlich nicht mehr tun, als ihre Hände über dem Kopf zusammenschlagen, wenn sie hören, daß du schwanger bist. Aber es gibt auch andere, die freundlich und hilfsbereit reagieren werden. Vielleicht hat einer von ihnen eine Idee, was am besten zu tun ist. Ein netter Lehrer kann eine sehr gute Unterstützung sein, wenn du zu Hause Ärger erwarten mußt. Schon deswegen, weil sich Eltern in einer solchen Situation auch um deine Ausbildung Sorgen machen. Hier könnte dir dein Lehrer beistehen.

Kollegen

Wenn du bereits arbeitest, ist es manchmal ein wenig schwieriger, jemanden zu finden, dem du dich anvertrauen kannst. Vielleicht hast du ja auch hier ältere Kolleginnen oder Kollegen, die dir in dieser Situation helfen können. In vielen Firmen gibt es auch Personen, die für solche und ähnliche Probleme zuständig sind.

Ärzte und Beratungsstellen

Falls du noch nicht bei einem Arzt oder einer Beratungsstelle gewesen bist, solltest du das nun so schnell wie möglich nachholen. Dort wirst du medizinische und soziale Hilfe bekommen. Falls du das Baby nicht haben möchtest, kannst du unter bestimmten Voraussetzungen einen Schwangerschaftsabbruch durchführen lassen. Man braucht einige Zeit, um dies in die Wege zu leiten; außerdem ist der Schwangerschaftsabbruch vom vierten Monat an nicht mehr ungefährlich und bei uns dann nur noch in besonderen Ausnahmefällen zulässig. Wenn du noch unter sechzehn bist, wirst du in der Regel die Einwilligung deiner Eltern haben müssen. Erwartest du diesbezüglich Schwierigkeiten, ist es empfehlenswert, den Arzt oder den Mitarbeiter in der Beratungsstelle um Hilfe zu bitten. Möglicherweise werden sie dann selbst mit den Eltern sprechen.

Eltern

Wenn du den Mut gefunden hast, mit deinen Eltern darüber zu sprechen, reagieren sie vielleicht wie die besten Eltern der Welt – oder auch nicht. Aber, wie es auch sei, solange du unter sechzehn bist und zu Hause lebst, müssen sie es erfahren. Vielleicht werden sie im ersten Moment genauso wie du reagieren – nämlich mit Erschrecken oder Panik. Und besonders entsetzt werden sie möglicherweise sein, wenn sie vorher noch nicht wußten, daß du bereits Geschlechtsverkehr mit einem Jungen hattest.

Ihre Sorgen reichen vermutlich von dem Gedanken an deine Ausbildung bis zu der Frage, was wohl die Nachbarn dazu sagen werden, oder ob und wann man es den jüngeren Geschwistern mitteilen müßte. Es ist ziemlich wahrscheinlich, daß in dieser Situation so manche Dinge gesagt werden, die man später dann wieder bedauert. – Es gibt aber auch Eltern, die erst einmal nur überrascht reagieren und dich danach sehr unterstützen. Viele, die ihre Tochter jahrelang gewarnt haben, sie aus dem Haus zu werfen, falls sie mit einem Kind ankommen würde, werden jetzt vielleicht freundlich und sehr hilfsbereit sein. Aber auch sie wissen eventuell in diesem Moment nicht, was nun letztlich zu tun ist. Falls du dich bereits mit einem Arzt oder einer Beratungsstelle in Verbindung gesetzt hast, werden sie aber erkennen, daß du nicht so verantwortungslos bist, wie sie vorher dachten. – Es wird dir und deinen Eltern helfen, wenn auch du versuchst, ihre Sorgen und Gefühle zu verstehen. Wenn du Verständnis für sie aufbringst, werden sie auch dich eher verstehen. Eines ist sicher: endlose Diskussionen und Auseinandersetzungen darüber, wie und warum du schwanger geworden bist, helfen überhaupt nicht. Vielmehr muß nun entschieden werden, was zu tun ist – und zwar bald!

Schwangerschaftsabbruch

Bei einem Schwangerschaftsabbruch wird die Schwangerschaft von einem Arzt beendet. Es gibt verschiedene Auffassungen dazu. Viele fordern, daß eine Frau selbst über einen Schwangerschaftsabbruch entscheiden können sollte, damit es nur noch erwünschte Kinder gibt. Andere wiederum sind sehr dagegen und möchten am liebsten, daß ein Schwangerschaftsabbruch – wenn überhaupt – nur unter erschwerten Bedingungen möglich ist.

Sie argumentieren, daß aus religiösen und allgemeinmenschlichen Gründen ein ungeborenes Kind genau das gleiche Recht zu leben haben sollte wie ein schon geborenes; eine schwangere Frau könne durch einen Schwangerschaftsabbruch nachteilige seelische und körperliche Folgen davontragen. Und sie sagen, daß unerwünschte Kinder zur Adoption freigegeben werden und kinderlosen Ehepaaren dann sehr große Freude machen können. Manche behaupten, daß viele Frauen vor allen Dingen darum einen Schwangerschaftsabbruch vornehmen lassen, weil es in unserer Gesellschaft noch immer sehr schwer für eine alleinstehende Frau ist, ein Kind allein aufzuziehen.

Jene, die für einen Schwangerschaftsabbruch sind, gehen davon aus, daß es nicht sehr viel Sinn hat, von einem ungeborenen schon wie von einem «fertigen» Kind zu sprechen. Keine empfängnisverhütende Methode sei hundertprozentig sicher, und deswegen sei es unfair, Frauen darunter leiden zu lassen, wenn einmal eine der angewendeten Methoden versagt habe. Und sie weisen schließlich darauf hin, daß durch unerwünschte Kinder schon so manches Elend erst entstanden ist.

134

Die seelischen und körperlichen Komplikationen, die durch eine Schwangerschaft entstehen können, sind manchmal weitaus größer als jene Nachteile, die nach einem Schwangerschaftsabbruch folgen können. Viele Frauen sind der Auffassung, daß sie über ihren eigenen Körper und die Zahl ihrer Kinder selbst entscheiden können sollten – und nicht (meist männliche) Wissenschaftler und Politiker. Sie argumentieren, daß das Verbot eines Schwangerschaftsabbruchs vor allen Dingen arme Frauen träfe; diese würden sich – wie es in den vergangenen Jahrzehnten und Jahrhunderten häufig geschah – von Kurpfuschern behandeln lassen müssen, während reiche Frauen zu allen Zeiten die finanziellen Möglichkeiten hatten, um auch einen illegalen Schwangerschaftsabbruch mit einem geringen Risiko von einem Arzt durchführen zu lassen.

Wenn du selbst Veranlassung hast, über einen Schwangerschaftsabbruch nachzudenken, dann wirst du vermutlich das Für und Wider der Argumente gegeneinander abwägen – und ebenso wird auch deine ganz persönliche Situation dabei eine wichtige Rolle spielen. Bevor du dich entscheidest, solltest du auf jeden Fall mit jemandem darüber sprechen.

Demonstration gegen den § 218 in Hamburg am 25. 2. 1975

Risiko?

Wie du dich auch immer in einer solchen Situation fühlen magst – es ist nötig, den folgenden Tatsachen ins Auge zu sehen: ein Schwangerschaftsabbruch ist eine Operation, und jede Operation hat einige Risiken. Je eher der Eingriff durchgeführt werden kann, um so ungefährlicher ist er. Übrigens ist es tatsächlich gefährlicher, schwanger zu sein und ein Kind auszutragen, als einen Schwangerschaftsabbruch unter günstigen medizinischen Bedingungen vornehmen zu lassen. Immer noch sterben in unserem Land mehr Frauen an den Folgen der Schwangerschaft oder der Geburt als an einem legal durchgeführten Schwangerschaftsabbruch.

Einige mögliche Folgen haben Schwangerschaft und Schwangerschaftsabbruch gemeinsam. Ein Schwangerschaftsabbruch kann eine Entzündung oder Verletzung der Gebärmutter hervorrufen. Oder der Muttermund kann gedehnt und eingerissen werden, so daß künftige Schwangerschaften dadurch gefährdet sein können. Und er kann schließlich sogar einen großen Blutverlust hervorrufen, so daß eine Bluttransfusion erforderlich wird. – Aber all diese Komplikationen können auch während der Schwangerschaft (z. B. durch eine Fehlgeburt) oder durch die Geburt selbst eintreten.

Was ist zu tun?

Wenn du sicher bist, daß du schwanger bist und dich bereits entschlossen hast, das Kind nicht zu bekommen, solltest du dich so schnell wie möglich an eine Beratungsstelle oder an einen Arzt wenden; dies gilt übrigens auch, wenn du noch unsicher bist, ob du das Kind haben möchtest. In der Bundesrepublik Deutschland gibt es mehrere hundert Beratungsstellen der Pro Familia, des Diakonischen Werkes, des Deutschen Paritätischen Wohlfahrtsverbandes, der Arbeiterwohlfahrt und des Caritasverbandes (vgl. die Liste im Anhang). Falls du den Eindruck hast, daß dich der Arzt oder die Mitarbeiter in der Beratungsstelle nur einseitig beraten, kannst du selbstverständlich einen anderen Arzt oder auch eine andere Beratungsstelle aufsuchen.

Du brauchst keine Angst zu haben, daß deine Probleme weitergetragen werden. Alle Berater unterliegen der Schweigepflicht. Du bist nicht verpflichtet, zu einem Arzt oder einer Beratungsstelle an deinem Wohnort zu gehen. Es bleibt dir überlassen, an wen du dich wendest. Wenn du beispielsweise auf dem Lande wohnst, wo jeder jeden kennt, kannst du durchaus in die nächste Großstadt fahren. Das Gespräch in der Beratungsstelle ist kostenlos. Dem Arzt nimmst du am besten deinen Krankenschein mit. Laß dir über die Beratung auf jeden Fall eine Bestätigung aushändigen.

Indikationen

1976 ist das neue Gesetz zur Reform des § 218 StGB in Kraft getreten, nachdem es vorher jahrelang und ernsthaft beraten worden war. Mit dieser Reform wird sichergestellt, daß sich eine Frau ohne Vorbehalte an einen Arzt ihres Vertrauens oder an eine Beratungsstelle wenden und ihre Probleme offen darlegen kann. Gemäß § 218 StGB ist es nach wie vor ungesetzlich, eine Schwangerschaft abbrechen zu lassen, wenn nicht ganz bestimmte Gründe dafür vorliegen. Die gesetzlich zugelassenen Gründe für einen Schwangerschaftsabbruch (Indikationen zum Schwangerschaftsabbruch) sind in § 218a StGB genannt. Danach ist der Abbruch durch einen Arzt nicht strafbar und in folgenden Fällen zugelassen:

1. **Medizinische Indikation** – also wenn sich durch die Schwangerschaft eine Gefahr für das Leben oder die Gefahr einer schwerwiegenden Beeinträchtigung des körperlichen und seelischen Gesundheitszustands der Schwangeren ergeben könnte. (Beispiel: Ein achtzehnjähriges Mädchen erkrankte vor zwei Jahren an einer doppelseitigen schweren Nierenentzündung. Die linke Niere mußte entfernt werden. Die rechte Niere ist ebenfalls geschädigt und den Belastungen einer Schwan-

gerschaft wohl nicht mehr gewachsen. Die Schwangerschaft kann deshalb abgebrochen werden.)

2. **Eugenische oder kindliche Indikation** – also wenn nach ärztlicher Erkenntnis Gründe dafür sprechen, daß das Kind infolge seiner Erbanlage oder anderer schädigender Einflüsse vor der Geburt eine schwere Gesundheitsschädigung davontragen würde, die so schwerwiegt, daß von der Schwangeren nicht erwartet werden kann, daß sie das Kind austrägt. (Beispiel: Eine werdende Mutter bekommt im dritten Monat ihrer Schwangerschaft Röteln. Ärztlicherseits wird ihr zum Schwangerschaftsabbruch geraten, denn durch diese Krankheit besteht die Gefahr, daß das Kind nicht gesund zur Welt kommt.)

3. **Kriminologische oder ethische Indikation** – also wenn die Frau gegen ihren Willen Geschlechtsverkehr hatte und dabei ein Kind empfangen hat. (Beispiel: Ein Mädchen wird auf dem Heimweg von einem Mann vergewaltigt. Vier Wochen nach der Tat bestätigt der Arzt die Schwangerschaft. Auf Wunsch des Mädchens kann nun die Schwangerschaft in einer Klinik abgebrochen werden.)

4. **Notlagen-Indikation** – also wenn nach ärztlicher Erkenntnis der Abbruch der Schwangerschaft angezeigt ist, um von der Schwangeren die Gefahr einer Notlage abzuwenden, die auf andere Weise nicht behoben werden kann und die so schwerwiegt, daß der Frau eine Fortsetzung der Schwangerschaft nicht zuzumuten ist. (Beispiel: Eine fünfzehnjährige Schülerin wird schwanger. Ihr Lehrer wird von den Eltern über die Schwangerschaft informiert. Er befürchtet eine erhebliche negative Reaktion ihrer Mitschülerinnen, die das Mädchen so belasten könnte, daß sie in ihrer psychischen Entwicklung zurückgeworfen werden würde. Ein Psychologe wird eingeschaltet. Dieser bestätigt, daß das Mädchen weder seelisch noch geistig in der Lage ist, die volle Verantwortung für das Kind

138

zu übernehmen.)
Der Schwangerschaftsabbruch aus medizinischer Indikation
unterliegt keiner zeitlichen Begrenzung. Liegt die sogenannte
eugenische oder kindliche Indikation vor, kann der Eingriff
nur bis zur 22. Woche nach der Empfängnis durchgeführt werden; bei der kriminologischen und Notlagen-Indikation nur
bis zur zwölften Woche.

Indikationsfeststellung und Eingriff
Nur ein Arzt kann feststellen, ob eine Indikation gegeben ist
und die Schwangerschaft daher abgebrochen werden darf. Bevor er diese Entscheidung treffen kann, mußt du dich einer
medizinischen und einer sozialen Beratung unterziehen, wobei es verschiedene Möglichkeiten gibt, die du selbst auswäh-
len kannst:
– Der Arzt deines Vertrauens übernimmt die medizinische
  und soziale Beratung und trifft selbst die Indikationsfeststellung;
– oder eine Beratungsstelle mit Arzt übernimmt die medizi-
  sche und soziale Beratung; der dort tätige Arzt trifft die Indikationsfeststellung;
– oder der Arzt deines Vertrauens übernimmt nur die medizinische Beratung; die Beratungsstelle übernimmt die soziale
  Beratung; der Arzt deines Vertrauens trifft danach die Indikationsfeststellung;
– oder die Beratungsstelle übernimmt die soziale Beratung;
  der Arzt deines Vertrauens übernimmt die medizinische
  Beratung und trifft die Indikationsfeststellung.
Die Indikationsfeststellung ist kostenlos. Du brauchst deinem
Arzt nur einen normalen Krankenschein mitzubringen. Der
Eingriff kann frühestens drei Tage nach der Indikationsfeststellung vorgenommen werden. Die drei Tage sollen dir er-
möglichen, deinen Entschluß noch einmal zu überdenken. –
In der Praxis weigern sich viele Ärzte, die Indikation für einen
Schwangerschaftsabbruch festzustellen, wenn keine eugeni-
schen, ethischen oder medizinischen Gründe vorliegen. Über

die Hälfte der Ärzte erkennt die psychosoziale Notlage der Frau nicht an: deshalb ist es am besten, wenn du einen Arzt aufsuchst, dessen Einstellung du ungefähr kennst. Notfalls kann dir auch eine Beratungsstelle eine Adresse geben.

Nachdem die Indikation festgestellt wurde, wird dich der Arzt an eine Klinik oder an einen anderen Arzt überweisen, damit dort der Eingriff vorgenommen werden kann. Das Gesetz besagt, daß kein Arzt gegen sein Gewissen zu einem Schwangerschaftsabbruch veranlaßt werden darf. In der Praxis hat das dazu geführt, daß in vielen (vor allen Dingen konfessionellen) Krankenhäusern und in so manchen Städten der Eingriff völlig abgelehnt wird. Wenn du also abgewiesen wirst, suche eine andere Klinik oder einen anderen Arzt auf – ganz unabhängig von deinem Wohnort. – Der Arzt, der die Indikation festgestellt hat, wird dir einen Überweisungsschein mitgeben und dich vielleicht auch beraten können, an wen du dich wenden kannst, ohne Schwierigkeiten zu bekommen. Die Kosten eines legalen Schwangerschaftsabbruchs trägt die gesetzliche Krankenversicherung.

Methoden

Es gibt verschiedene Methoden. In der Bundesrepublik Deutschland wird der Eingriff meist stationär vorgenommen. Man muß also mit einem mehrtägigen Krankenhausaufenthalt rechnen. Vor dem Eingriff wird eine umfassende gynäkologische Untersuchung durchgeführt. Außerdem wird man, wie vor jeder Operation, sorgfältig und gründlich körperlich untersucht. Als Methode wird bei uns entweder die Ausschabung angewendet oder die Absaugmethode, eventuell gemeinsam mit einer nachträglichen Ausschabung.

Die **Absaugmethode (Vakuumaspiration)** ist der schonendste Eingriff. Er kann bis zur achten Woche ohne Weitung des Gebärmutterhalses durchgeführt werden; darum genügt oft eine örtliche Betäubung. Wenn die achte Woche überschritten ist, muß der Gebärmutterhals geweitet werden. Wenn du Angst hast, dies unter örtlicher Betäubung vornehmen zu lassen, kannst du auch um eine Vollnarkose bitten. Bei der Absaugmethode wird ein Rohr in die Gebärmutter eingeführt. Es ist mit einem Unterdruckgerät verbunden und saugt den oberen Teil der Gebärmutterschleimhaut samt Embryo und Mutterkuchen ab. Das dauert in der Regel nicht länger als eine halbe Minute. Wird diese Methode angewandt, dann ist es meistens möglich, die Klinik noch am gleichen Tage wieder zu verlassen. Ärzte ziehen es in bestimmten Fällen vor, anschließend noch eine Ausschabung vorzunehmen, damit auch wirklich alle möglichen Reste aus der Gebärmutter entfernt werden. In diesem Fall muß man noch einige Tage in der Klinik bleiben.

Die **Ausschabung (Curettage)** wird in der Regel unter Vollnarkose in der Klinik durchgeführt, weil bei diesem Eingriff auch der Gebärmutterhals geweitet werden muß – ein Vorgang, der ohne Narkose schmerzhaft für dich wäre. Der Arzt benutzt dazu kleine Metallstäbchen, die durch den Gebärmutterhals eingeführt und nach und nach gegen größere Stäbchen ausgetauscht werden. Dann nimmt er einen flachen Löffel, die sogenannte *curette* und löst damit vorsichtig den Embryo aus der Gebärmutterschleimhaut heraus, so daß er danach mit einer Pinzette oder kleinen Zange herausgeholt werden kann. Auch die Gebärmutterschleimhaut und der Mutterkuchen werden anschließend entfernt. Nach diesem Eingriff muß man in der Regel mehrere Tage in der Klinik bleiben.
Bis zur achten Schwangerschaftswoche ist die Absaugmethode der schonendste Eingriff. Grundsätzlich ist das Absaugen nur bis zur zwölften Schwangerschaftswoche möglich. Die Ausschabung kann während der ersten zwölf Wochen der Schwangerschaft durchgeführt werden, notfalls bis zur sechzehnten (wobei das Risiko dann deutlich erhöht ist). – Nach der zwölf-

ten Schwangerschaftswoche sind Schwangerschaftsabbrüche – wie bereits gesagt – nur noch in Ausnahmefällen möglich, nämlich wenn eine eugenische oder eine medizinische Indikation vorliegt. Medizinisch geht man in den meisten Krankenhäusern nach der zwölften Woche so vor, daß entweder eine Kochsalzlösung oder Hormone (Prostaglandine) in die Gebärmutter oder ein Wehenmittel in die Vene gespritzt werden, um so eine Fehlgeburt einzuleiten. Die Gebärmutter wird dadurch veranlaßt, den Embryo von selbst auszustoßen. Das kann einige Tage dauern; außerdem wird danach häufig noch eine Ausschabung durchgeführt. Zu dieser Zeit und auch ein paar Tage danach mußt du im Krankenhaus bleiben. Der Eingriff nach der zwölften Woche ist schmerzhafter, gefährlicher und mit mehr Komplikationen verbunden.

Und danach?
Die meisten Frauen erholen sich nach einem Schwangerschaftsabbruch sehr schnell. Falls eine Vollnarkose durchgeführt wurde, ist man in den ersten zwei bis drei Tagen danach ein wenig müde. Etwas Ruhe ist meistens alles, was du jetzt brauchst. Längere Zeit wirst du im Bett liegen müssen, wenn die Schwangerschaft erst nach der zwölften Woche abgebrochen wurde.
Es ist ganz normal, wenn du in den ersten Tagen noch ein wenig blutest und leichte Schmerzen fühlst. Um das Blut aufzufangen, solltest du sterile Binden und keine Tampons benutzen, um dich vor einer Infektion zu schützen. Falls die Blutungen oder Schmerzen stärker werden oder wenn Fieber hinzukommt, solltest du sofort einen Arzt aufsuchen. – Bei der Entlassung aus dem Krankenhaus solltest du den Arzt fragen, ab wann du wieder baden und Geschlechtsverkehr haben darfst; meistens wird das Baden nach rund zehn Tagen, der Geschlechtsverkehr nach etwa vier Wochen wieder möglich sein. Dein Arzt wird dir auch sagen, wie lange du körperliche Anstrengungen vermeiden sollst.
Es ist üblich, daß der Arzt einige Wochen nach dem Eingriff

eine Nachuntersuchung vornimmt, um zu sehen, ob alles bei dir in Ordnung ist. Versäume diesen Termin nicht, denn Komplikationen sind möglich, wenn sie auch relativ selten auftreten. Wenn du den Eingriff nicht an deinem Wohnort hast vornehmen lassen, solltest du einige Wochen nach dem Schwangerschaftsabbruch zu einem anderen Arzt deines Vertrauens gehen und dich nachuntersuchen lassen. Deine erste Regelblutung wirst du wahrscheinlich vier bis sechs Wochen nach dem Eingriff bekommen. Falls nicht, suche den Arzt auf.

Viele Mädchen und Frauen fühlen sich nach einem Schwangerschaftsabbruch erst einmal erleichtert. Aber es ist ganz natürlich, wenn du gleich danach oder später traurig bist. Auch nach einer Geburt fühlen sich manche Frauen deprimiert. Wenn deine Traurigkeit länger anhält, dann mag das vielleicht daran liegen, daß du jetzt – unter anderen Umständen – doch ganz gern das Baby haben würdest. Es kann aber auch ganz einfach mit den wochenlangen Schwierigkeiten und Ängsten zusammenhängen, die du durchgestanden hast. Du wirst diese Erfahrung sicher leichter verarbeiten können, wenn du mit jemandem darüber sprechen kannst, der bereits in einer ähnlichen Situation war. Falls du niemanden hast, kannst du dich jetzt auch wieder an eine Beratungsstelle wenden. Am besten ist es natürlich, wenn du von vornherein versucht hast, alle Probleme, die mit dem Schwangerschaftsabbruch zusammenhingen, mit deinem Freund gemeinsam zu lösen. Falls ihr die Schwierigkeiten zusammen durchgestanden habt, werdet ihr euch auch jetzt gegenseitig helfen können.

Ein Kind kommt

Wenn aus der Vermutung, schwanger zu sein, Gewißheit wird, wirst du vielleicht – wie viele Mädchen und Frauen – verwirrt und ratlos sein. Viele Fragen treten dann auf. Wie werde ich damit fertig? Was wird mein Freund dazu sagen? Wird er damit zurechtkommen? Wird das Kind gesund sein? Was werden meine Eltern sagen? Wo werden wir wohnen? Wie wird es mir während der Schwangerschaft ergehen? Werden wir es finanziell schaffen? Wenn du noch unverheiratet bist, wirst du vielleicht darüber nachdenken, ob du mit deinem Freund zusammen leben oder ihn heiraten möchtest.

Falls du dich entscheidest, allein zu bleiben, wirst du die Erfahrung machen, daß es eine alleinstehende Mutter in unserer Gesellschaft nicht immer leicht hat. Du solltest dann aber wissen, daß du dein Schicksal mit vielen Mädchen und Frauen teilst, die ihr Kind unter ähnlich schwierigen Umständen zur Welt brachten und aufzogen. Und auch du bist nicht allein oder ohne Hilfe. In manchem werden dir vielleicht deine Eltern helfen; darüber hinaus gibt es viele Organisationen und Institutionen, die dir bei deinen verschiedenen Problemen helfen können. Es ist sicher ein Unterschied, ob du in einem Dorf, einer Kleinstadt oder in einer Großstadt lebst. Vielleicht wirst du erst im nächstgrößeren Ort Hilfe finden.

In vielen Städten gibt es Einrichtungen, in denen man lernen kann, was werdende Eltern alles wissen müssen. In diesen Mütter- bzw. Elternschulen kann man sich über die Vorgänge während der Schwangerschaft unterrichten lassen, über die Entbindung und über alle Fragen, die während der ersten Zeit nach der Geburt des Babys wichtig sind. Die entsprechenden

Adressen könnt ihr beim Gesundheitsamt, bei der Gemeinde-
verwaltung oder beim Pfarramt erfragen.

Wo bleiben?

Leider kommt es bei uns immer noch vor, daß junge Mädchen
von ihren Eltern im Stich gelassen werden, wenn ein Baby unterwegs ist. Falls auch deine Eltern ratlos und unsicher sind
und mit Verständnislosigkeit reagieren, wird das für dich sicherlich Probleme bringen, besonders wenn du dir eigentlich
kein Kind gewünscht hast. – Vielleicht werden dir deine Eltern damit drohen, dich auf die Straße zu setzen. Wenn du
noch minderjährig bist, haben sie dazu kein Recht; es sei
denn, sie sorgen auf andere Weise für deinen Unterhalt und
deine Unterkunft, zum Beispiel bei Verwandten. Manchmal
hilft es, Freunde oder gute Verwandte um Vermittlungsversu-
che zu bitten. Scheitern sie, dann solltest du dich an das Jugendamt oder an eine der Organisationen wenden, deren
Adressen im Anhang genannt sind.
Vielleicht wird man dir eine Unterkunft in einem Mutter-
Kind-Heim vermitteln. Dort kannst du selbst vor und nach der
Geburt des Kindes wohnen, bis du wieder in der Lage bist,
dich und dein Kind zu versorgen. In manchen dieser Heime
gibt es kleine Wohnungen für Mutter und Kind. Falls du berufstätig bist oder noch zur Schule gehst, kannst du dann tagsüber fortgehen, während dein Kind im Heim betreut wird.
Meist ist das Mutter-Kind-Heim eine Übergangslösung. Viele
junge Mütter haben das Ziel, bald nach der Geburt einen eigenen Haushalt zu gründen. Auch hierbei kannst du dich im
Heim beraten lassen. – Selbst wenn es mit deinen Eltern viel
Ärger und Spannungen gegeben hat, solltest du aber nicht
übereilt handeln und nach Möglichkeit versuchen – vor allem,
wenn du noch minderjährig bist –, zu Hause zu bleiben.

Ärztliche Hilfe

Jede werdende Mutter hat Anspruch auf Vorsorgeuntersuchungen und auf Pflege in einer Entbindungs- oder Krankenanstalt. Die Vorsorgeuntersuchungen werden von Mädchen und Frauen immer noch zuwenig in Anspruch genommen. Dabei sollte man wissen, daß die Säuglingssterblichkeit bei Müttern, die keinerlei medizinische Vorsorge treffen, immer noch doppelt so hoch ist wie bei Müttern, die sich regelmäßig untersuchen lassen. Der Arzt wird dich zum Beispiel beraten, wenn in deiner Nähe Röteln aufgetreten sind oder wenn eine Blutunverträglichkeit zwischen dir und deinem Partner besteht. In beiden Fällen kann es ohne rechtzeitige ärztliche Behandlung zu schweren Schäden bei dem ungeborenen Kind kommen. Auf keinen Fall solltest du während der Schwangerschaft rauchen oder ohne ärztliche Verordnung Medikamente einnehmen. An den Arzt kannst du dich auch wenden, wenn du Angst hast, dein Kind könnte die Anlage zu einer Krankheit haben, die schon mal in eurer Familie aufgetreten ist. In diesem Fall würde er dich gegebenenfalls an eine genetische Beratungsstelle überweisen. – Neben diesen Gründen gibt es noch viele andere, die es notwendig machen, daß du während und nach der Schwangerschaft regelmäßig untersucht wirst.

Bereits in den ersten Wochen der Schwangerschaft solltest du dir vom Arzt einen Mutterpaß aushändigen lassen. Darin sind die Ergebnisse der ärztlichen Untersuchungen, deine Blutgruppe, der Rhesusfaktor und alle wesentlichen Erkrankungen eingetragen. Auch der voraussichtliche Tag der Entbindung ist darin verzeichnet. Der Mutterpaß kann lebensrettend für dich und dein Kind sein, wenn du zum Beispiel einen Unfall hast oder aus einem anderen Grund ganz plötzlich behandelt werden mußt. Darum trage ihn immer bei dir!

Heiraten

Es ist nicht einfach, ein Kind allein auf die Welt zu bringen und großzuziehen; dies allein sollte jedoch noch kein Grund sein zu heiraten. Man kann zum Beispiel auch einfach zusammen in eine Wohnung ziehen. Dafür braucht man jedoch die Einwilligung der Eltern, wenn man noch minderjährig ist.
Auch wenn ihr heiraten wollt und noch keine achtzehn Jahre alt seid, braucht ihr die Erlaubnis eurer Eltern oder des Erziehungsberechtigten. Vom sechzehnten Lebenjahr an kann man in Ausnahmefällen auch für ehemündig erklärt werden, wenn der Partner oder die Partnerin volljährig ist. Falls ihr diesbezügliche Fragen habt, wendet euch an das Jugendamt.
Dort wird man euch auch sagen, welche Rechte und Pflichten ihr habt, wenn ihr unverheiratet bleibt. Wichtig zu wissen ist, daß die Mutter ihr Kind noch nicht gesetzlich vertreten kann, solange sie nicht volljährig ist. Meistens ist dann das Jugendamt Vormund für das Kind. Wenn die Mutter dagegen bereits achtzehn Jahre alt ist, hat sie die vollen elterlichen Rechte und Pflichten. Aber auch dann wird das Jugendamt in der Regel einen Pfleger bestellen, der ihr helfen soll, die Rechte des Kindes gegenüber seinem Vater durchzusetzen. – Der Vater hat dem unterhaltsbedürftigen Kind ohne zeitliche Begrenzung Unterhalt zu zahlen, also unter Umständen auch über das achtzehnte Lebensjahr hinaus. Erkennt er seine Vaterschaft nicht an, kann diese durch eine gerichtliche Entscheidung festgestellt werden. – Auch wenn die Mutter nicht mit dem Vater zusammen wohnt, hat der Vater in der Regel das Recht, sein Kind zu sehen und persönlichen Kontakt zu ihm zu haben. Darüber hinaus hat er ein Mitspracherecht bei allen wichtigen Entscheidungen, die das Kind betreffen. – Viele Mütter machen sich Sorgen darüber, daß ihr Kind vielleicht benachteiligt werden könnte, wenn es unehelich geboren wird. Aus seiner Geburtsurkunde wird später jedoch niemand erkennen können, ob seine Eltern verheiratet waren oder nicht.

Schule und Beruf

In jedem Jahr gibt es bei uns mehrere tausend junge Mädchen, die ihren Eltern gestehen, daß sie ein Kind bekommen. Oft bewirkt das in der Familie eine regelrechte Katastrophenstimmung, besonders wenn ihr minderjährig seid und noch zur Schule geht. Eine schwangere Schülerin kann nicht gezwungen werden, die Schule zu verlassen. Wenn du dich gesund fühlst, brauchst du den Schulbesuch lediglich sechs Wochen vor und acht Wochen nach der Geburt zu unterbrechen. Vielleicht hast du die Schule bereits verlassen; dann ist es für deinen weiteren Lebensweg sehr wichtig, daß du einen Beruf erlernst. Damit dir das trotz der Geburt deines Kindes möglich ist, stehen dir hierfür gesetzliche Hilfen zu.
Auch falls du bereits berufstätig bist, schützen dich Gesetze. Zunächst: während der Schwangerschaft und bis vier Monate nach der Geburt kannst du nicht gekündigt werden. Sobald du schwanger bist, solltest du deinen Arbeitgeber darüber informieren. Genügt es dem Arbeitgeber nicht, nur mündlich unterrichtet zu werden, sondern verlangt er ausdrücklich einen schriftlichen Nachweis deines Arztes, dann muß er selbst die Kosten dafür übernehmen. Dein Arbeitgeber darf deinen Kolleginnen und Kollegen nichts von deiner Schwangerschaft erzählen, wenn du es nicht möchtest. Falls du wegen deines Arbeitsverhältnisses Schwierigkeiten bekommst, kannst du dich an das zuständige Gewerbeaufsichtsamt wenden, wo man dir helfen wird.
Jeder Arbeitgeber ist gesetzlich verpflichtet, zum Schutz der werdenden Mutter besondere Maßnahmen zu treffen. So muß er dir bestimmte Erleichterungen am Arbeitsplatz einräumen. Nach Ablauf des fünften Monats darfst du beispielsweise nicht länger als vier Stunden lang stehend beschäftigt werden. Man darf dir auch keine Arbeiten mehr zumuten, die dir selbst oder dem ungeborenen Kind schaden würden. Und wie bereits gesagt, darfst du sechs Wochen vor der Geburt und (auf Antrag) sechs Monate nach der Geburt zu Hause bleiben. In

dieser Zeit erhältst du monatlich einen Betrag, der sich nach deinem Verdienst richtet und maximal 750 Mark beträgt. Du mußt aber nicht zu Hause bleiben, denn es besteht kein Beschäftigungsverbot.

All diese Bestimmungen, die natürlich auch für Lehrlinge gelten, sind im Mutterschutzgesetz enthalten. Als Lehrling ist es noch wichtig zu wissen, daß die Zeit für die Unterbrechung nicht nachgeholt werden muß, wenn das Lehrziel nicht gefährdet wird. Gleichgültig, ob du noch Lehrling bist oder bereits ausgelernt hast, wird dir für mehrere Wochen vor und nach der Geburt ein Mutterschaftsgeld bezahlt. Das gilt auch, wenn du zum Zeitpunkt deiner Schwangerschaft arbeitslos bist. Am besten, du informierst dich zu all diesen Fragen bei deiner Krankenkasse oder dem zuständigen Gewerbeaufsichtsamt.

Unterhalt

Eines der Probleme, das auf euch zukommt, wenn ein Kind unterwegs ist, ist die Frage, wie ihr es finanziell schaffen werdet. Wenn ihr beide noch minderjährig seid, sind eure Eltern verpflichtet, für alle entstehenden Kosten aufzukommen. Oft werden sie dazu aber finanziell nicht in der Lage sein. In diesem Fall könnt ihr beim Sozialamt laufende Hilfeleistungen, aber auch eine einmalige Unterstützung beantragen. Wenn der Vater volljährig ist und selbst Geld verdient, muß er für den Unterhalt des Kindes (und eventuell auch der Mutter) aufkommen. Ihr könnt euch bezüglich aller Fragen, die den Unterhalt betreffen, an das Jugendamt wenden.

Wer betreut das Kind?
Ein weiteres Problem, das auf euch zukommt, ist die tägliche Betreuung eures Kindes – besonders dann, wenn ihr beide noch zur Schule geht oder beide berufstätig seid. Häufig werden Eltern dabei helfen. Manchmal ist das aber aus verschiedenen Gründen nicht möglich. Dann gibt es Einrichtungen,

wohin ihr euer Kind geben könnt, so daß ihr nicht gezwungen seid, eure schulische Ausbildung oder berufliche Tätigkeit abzubrechen.

Je nach Alter könnt ihr euer Kind in einer Liegekrippe, in einer Krabbelstube oder im Kindergarten unterbringen. Leider gibt es nicht sehr viele Plätze, und ihr müßt damit rechnen, längere Zeit auf einer Warteliste zu stehen. Falls ihr alleinstehend seid, werdet ihr sicher bevorzugt behandelt. Die Kosten für die Betreuung eures Kindes sind ziemlich niedrig; falls ihr sie dennoch nicht tragen könnt, wird euch das Jugendamt oder das Sozialamt weiterhelfen. – Ihr könnt euer Kind aber auch von einer sogenannten «Tagesmutter» betreuen lassen. Sie wird es in der Regel zusammen mit ihren eigenen Kindern bei sich zu Hause tagsüber versorgen und aufziehen. Tagesmütter sind verpflichtet, sich mit den Eltern ihrer Pflegekinder über Erziehungsfragen zu beraten. – Manche Familien nehmen ein Kleinkind nicht nur während einiger Tagesstunden, sondern die ganze Woche über bei sich auf. Auch solche Pflegestellen werden, genauso wie die Tagesmütter, vom Jugendamt vermittelt. Ihr braucht keine Sorge zu haben, daß die Pflegeeltern einen Anspruch auf eine spätere Adoption haben könnten. Ihr könnt das Kind jederzeit wieder zu euch nehmen.

Es ist für ein kleines Kind sehr wichtig, daß seine Bezugspersonen vor allem in den ersten drei Jahren nicht wechseln. Darum solltet ihr immer versuchen, möglichst häufig mit eurem Kind zusammen zu sein. Wenn ihr meint, nicht mit eurem Kind zusammen leben zu können und auch keine langjährige private Pflegestelle findet, wird euer Kind vielleicht in einem Heim untergebracht werden müssen. Wie bei den anderen Pflegestellen müßt ihr euch auch bei einer Heimunterbringung an den entstehenden Kosten beteiligen. – Selbst wenn sich das Pflegepersonal in einem Heim aufrichtig um die Kinder bemüht, so ist eine Heimunterbringung für kein Kind eine glückliche Lösung. Euer Kind wird immer nur eines unter vielen sein und keine dauerhaften Bezugspersonen haben. Das führt sehr oft zu Entwicklungsschäden. Wenn ihr euer Kind längere

Zeit in einem Heim lassen wollt, solltet ihr euch ernsthaft fragen, ob es dann nicht besser ist, es adoptieren zu lassen.

Adoption

Wenn ihr aus den verschiedensten Gründen euer Kind nicht bei euch behalten wollt oder könnt, habt ihr die Möglichkeit, es zur Adoption freizugeben. Das ist natürlich eine schwerwiegende Entscheidung. Im Hinblick auf das Wohl des Kindes kann sie aber durchaus richtig und in vielen Fällen auch besonders verantwortungsbewußt sein. Falls ihr ernsthaft daran denkt, solltet ihr euch schon während der Schwangerschaft mit dem Jugendamt oder einer der im Anhang genannten Beratungsstellen in Verbindung setzen. Durch eine Adoption bekommt euer Kind die Stellung eines ehelichen Kindes der Adoptiveltern. Es erhält auch deren Familiennamen. Ihr habt dann gegenüber dem Kind keine Rechte und Pflichten mehr. – Wichtig ist, daß ihr euch auch zu einer solchen Entscheidung nicht von anderen Menschen überreden laßt. Nach einer ausführlichen Beratung solltet ihr selbst entscheiden, was für euch und euer Kind am besten ist.

Krankheiten der Sexualorgane

Hygiene

Kleinen Kindern wird von ihren Eltern laufend gesagt, daß sie sich die Zähne putzen, die Nägel reinigen und hinter den Ohren waschen müßten – manchmal so oft, bis sie es nicht mehr hören können. Wie wir unsere Seuxalorgane pflegen, wird uns dagegen häufig nicht beigebracht. Die Folge ist, daß einige sich überhaupt nicht darum kümmern, während andere es vielleicht übertreiben. Dabei ist es genauso wichtig, darüber Bescheid zu wissen wie über andere Körperteile. Wenn wir sie nicht sauberhalten, kann es leicht zu Infektionen kommen.

Normalerweise produziert die gesunde Vagina eine (klar bis geringfügig milchig aussehende) Flüssigkeit, damit ihre empfindliche Haut weich und feucht bleibt. Wenn ein Mädchen ihre Sexualorgane nicht jeden Tag wäscht, werden sie genauso verschmutzt und unsauber wie andere Teile ihres Körpers. – Und wenn ein Penis nicht beschnitten ist, sammelt sich unter der Vorhaut ein weiß-talgiges Sekret an, das man Smegma nennt. Auch bei einem beschnittenen Penis wird diese Substanz produziert; sie wird jedoch häufiger – manchmal nur zufällig – weggewaschen, so daß sich seltener unangenehmer Geruch bildet.

Alles was man braucht, um sich sauberzuhalten, ist Wasser und Seife. Die Witze und Sprüche, daß Fotzen nach Fisch und Schwänze wie überreifer Käse riechen, tragen nicht gerade dazu bei, daß wir uns überhaupt vorstellen können, unsere Sexualorgane würden gut riechen. Aber wenn sie gesund und sauber sind, riechen sie frisch und angenehm. Laßt euch von der Werbung keine Intimsprays oder parfümierte Seifen und Puder aufschwatzen. Um ihre Produkte zu verkaufen, wollen

152

uns die Hersteller oft weismachen, daß unsere Sexualorgane von Natur aus «schmutzig» sind und unangenehm und «aufdringlich» riechen. Das ist ganz einfach nicht wahr.

Es gibt zwei wichtige Regeln, die man beachten sollte:
- wascht euren ganzen Körper, also auch eure Scheide oder euren Penis, jeden Tag;
- und wischt euch den Po auf der Toilette von vorn nach hinten ab und nicht umgekehrt.

Sexuell übertragbare Krankheiten

Selbst die «härtesten» Menschen haben gewöhnlich Mitleid mit jemandem, der krank ist. Aber wenn jemand eine sexuell übertragbare Krankheit hat, kommen eher Reaktionen wie «das ist die gerechte Strafe» oder «das kommt vom vielen Rumficken». Solche Sprüche hängen meistens mit der Einstellung zusammen, die die Menschen überhaupt zur Sexualität haben. Wenn man nicht davon überzeugt ist, daß Sex ein natürlicher Teil des Lebens ist, und wenn man meint, es sei falsch, mit mehr als einer Person während des ganzen Lebens Geschlechtsverkehr zu haben, dann liegt es wahrscheinlich auch nahe, sexuell übertragbare Krankheiten für eine Art von «göttlicher Strafe» für etwas «Unnormales» oder «Schmutziges» zu halten. Feststeht, daß man von jemandem, der eine solche Krankheit hat, nicht wissen kann, ob er mit vielen oder mit wenigen Menschen sexuell zusammen war. Man kann sich auch schon von einer einzigen Person anstecken.

Der Ausdruck «sexuell übertragbare Krankheiten» schließt eine Reihe von Erkrankungen ein. So gibt es Tripper und Syphilis, die fast ausschließlich durch den sexuellen Kontakt übertragen werden. Andere wieder, wie beispielsweise Trichomonaden- und Pilzerkrankungen, kann man auch bekommen, ohne daß man Geschlechtsverkehr hatte: es ist wie mit einer Erkältung – man kann sie bekommen, wenn man mit jemandem geschlafen hat, aber auch auf andere Weise.

153

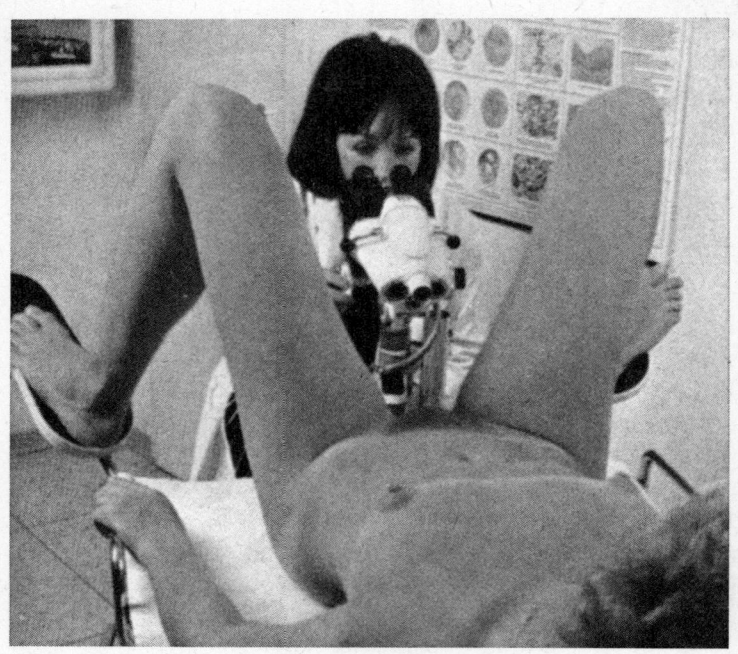

Untersuchung der weiblichen Sexualorgane

Ärztliche Hilfe

In manchen Illustrierten werdet ihr lesen, daß euch bei Tripper oder Syphilis nicht geholfen werden kann. Das stimmt nicht. Gewiß wird man in manchen Fällen keine Heilung erreichen, aber wenn ihr rechtzeitig zum Arzt geht, braucht ihr keine Angst zu haben. Macht euch aber keine falschen Hoffnungen: ohne ärztliche Hilfe geht eine solche Krankheit nicht weg. Oft verschwinden die ersten Beschwerden schon nach ein paar Tagen. Das heißt aber nicht, daß ihr schon gesund seid. Wenn ihr nicht sofort und sehr sorgfältig behandelt werdet, können einige der sexuell übertragbaren Krankheiten sehr ernsthafte Folgen für euch haben.

Es kann sein, daß euer Hausarzt nicht mit allen sexuell übertragbaren Erkrankungen genügend Erfahrungen hat; in diesem Fall wird er euch zu einem Facharzt überweisen. Ihr könnt auch von vornherein einen Frauenarzt, Urologen oder Hautarzt aufsuchen.

In der Regel wird der Arzt euch bestimmte Fragen stellen, nämlich:
- Welche Symptome ihr habt und seit wann;
- ob und mit wem ihr in den letzten drei Monaten sexuellen Kontakt gehabt habt
- und ob ihr auch oralen oder analen Sex miteinander gehabt habt.

Ihr solltet darauf vorbereitet sein, daß ihr gründlich untersucht werdet, auch eure Sexualorgane sowie Blut und Urin. Darüber hinaus wird man einige Abstriche machen und sie mikroskopisch untersuchen lassen. Bei einem Mädchen wird man die Proben aus dem Inneren der Vagina entnehmen und gegebenenfalls auch vom Anus und aus dem Hals. Bei einem Jungen wird ein Abstrich aus der oberen Harnröhrenöffnung und vielleicht auch aus Anus und Hals entnommen. Manchmal werdet ihr das Ergebnis gleich erfahren, vielleicht müßt ihr aber auch einige Tage warten.

Es kann sein, daß ihr den Arzt, der euch untersucht, nicht mögt; und ihr seid es sicher auch nicht gewöhnt, daß euch ein Fremder so intime Fragen stellt. Trotzdem solltet ihr seine Fragen genau beantworten – das ist wichtig für eure Gesundheit. Folgendes ist noch zu beachten: ihr solltet mit eurem Partner offen darüber sprechen und keinen Geschlechtsverkehr haben, bis ihr auskuriert seid. Nachdem ihr die Krankheit einmal gehabt habt, könnt ihr euch jederzeit wieder neu anstecken.

Geschlechtskrankheiten

Geschlechtskrankheiten nennt man auch «venerische Erkrankungen». Dieser Ausdruck kommt von dem Wort Venus – Göttin der Liebe –, was jemandem, der daran erkrankt ist, wie ein schlechter Witz vorkommen mag. Zu den im Gesetz genannten Geschlechtskrankheiten gehören: Tripper (Gonorrhö), Syphilis (Lues oder harter Schanker), weicher Schanker und die venerische Lymphknotenentzündung. Der weiche Schanker und die venerische Lymphknotenentzündung sind sehr selten; Tripper und Syphilis kommen häufiger vor.

Die Geschlechtskrankheiten gehören zu der großen Gruppe der Infektionskrankheiten. Sie werden durch Hautkontakt übertragen, also auch durch Küsse oder Kontakte zwischen den Geschlechtsorganen oder zwischen Geschlechtsorganen und Mund. Über Waschlappen, Handtücher, Badewasser, Toiletten oder andere Dinge kann man sich nicht mit einer Geschlechtskrankheit anstecken.

Geschlechtskrankheiten sind heilbar, wenn rechtzeitig ein Arzt aufgesucht wird und eine ausreichende Behandlung erfolgt. Viele gehen leider erst nach Tagen oder Wochen zum Arzt, weil sie sich schämen oder weil sie keinen Arzt kennen, dem sie vertrauen. Das ist zwar verständlich, aber auch sehr gefährlich. Die meisten Ärzte wissen, wie leicht man zu Geschlechtskrankheiten kommt. Und sie sind außerdem zum Schweigen verpflichtet. Zwar muß der Arzt eure Erkrankung dem Gesundheitsamt melden, er wird aber dabei euren Namen nicht nennen. Nur wenn ihr nach dem ersten Besuch nicht wiederkommt und also eure Krankheit nicht behandeln laßt, ist er zur Namensnennung verpflichtet.

Ihr müßt wissen, daß Geschlechtskrankheiten in den letzten zehn Jahren besonders bei jungen Menschen sehr zugenommen haben. Das mag unter anderem daran liegen, daß seltener Kondome zugunsten anderer empfängnisverhütender Mittel benutzt werden. Präservative sind aber immer noch der beste Schutz gegen sexuell übertragbare Krankheiten – besonders dann, wenn ihr mit jemandem sexuellen Kontakt habt, den ihr noch nicht so sehr gut kennt.

Tripper

Der Tripper (Gonorrhö) ist die häufigste Geschlechtskrankheit: neun von zehn Menschen, die sich mit einer venerischen

Krankheit infizieren, erkranken am Tripper. Diese Erkrankung ist ernsthafter, als die meisten Menschen sich klarmachen. Sie wird durch spezielle Bakterien (sogenannte Gonokokken) übertragen. Die Gonokokken brauchen zum Überleben Wärme und Feuchtigkeit; beim Geschlechtsverkehr haben sie also die beste Möglichkeit, von einem Partner zum anderen zu wandern.

Die Zeit zwischen der Ansteckung und dem Auftreten der ersten Krankheitszeichen (Symptome) nennt man Inkubationszeit. Jungen bemerken die ersten Krankheitszeichen etwa nach zwei bis fünf Tagen: es kommt zum Kitzeln, Jucken und eitrigem Ausfluß aus der Harnröhre, außerdem zum Brennen beim Wasserlassen. Ein Mädchen spürt diese Symptome oft erst nach fünf bis acht Tagen. Schließlich kommt bei ihr auch noch ein eitriger Ausfluß aus der Scheide dazu. Diese Krankheitszeichen sind bei Mädchen oft weniger deutlich ausgeprägt als bei Jungen – zumal Mädchen sowieso oft einen leichten Ausfluß haben und darum anfangs vielleicht nicht darauf achten. Nimmt dieser Ausfluß zu und bekommt er eine gelblich-eitrige Farbe, dann ist das ein deutliches Zeichen für einen Tripper. Der Ausfluß kann manchmal auch nach ein paar Tagen wieder verschwinden; das bedeutet aber nicht, daß ihr geheilt seid. Wenn ihr nicht behandelt werdet, kann eure Krankheit chronisch werden. Beim Jungen kann es zu Entzündungen der Vorsteherdrüse, der Harnröhre, des Samenleiters und der Nebenhoden kommen, bei Mädchen zu Entzündungen der Drüsen des Scheideneingangs und der inneren Geschlechtsorgane. Aber noch schlimmer: Spätfolgen des Trippers können Zeugungsunfähigkeit durch Verkleben der Samenleiter oder Vernarbung der Nebenhoden bei Jungen und Unfruchtbarkeit durch Eierstockentzündung und Verkleben der Eileiter bei Mädchen sein; außerdem kann es zu schmerzhaften Gelenkentzündungen und zum sogenannten Tripperrheumatismus kommen.

Die Gonorrhö ist unschädlich, wenn sie schnell entdeckt und behandelt wird. Manche Ärzte spritzen drei Tage hintereinander eine ziemlich hohe Dosis Penicillin in den Hintern. Andere geben Antibiotika in Tablettenform zusammen mit einer Spritze. Nach der Behandlung müssen auf jeden Fall drei Tests gemacht werden. Erst dann kann mit Sicherheit festgestellt werden, ob ihr geheilt seid.

Syphilis

Syphilis wird auch Lues oder harter Schanker genannt. Sie ist noch gefährlicher als Tripper – deswegen ist es besonders wichtig, die Symptome zu kennen. Wenn man die Syphilis nicht behandelt, kann sie sogar zum Tod führen. Sie wird durch winzige Krankheitserreger, sogenannte Spirochäten, übertragen. Etwa drei Wochen nach der Ansteckung entsteht ein schmerzloses, hartumrandetes Geschwür (harter Schanker) an der Ansteckungsstelle – das ist meist an den Geschlechtsteilen, manchmal auch am After, an der Lippe oder an der Zunge. Dieses Geschwür ist hochgradig ansteckend. Wenn die Syphilis nicht behandelt wird, verschwindet das Geschwür meistens nach zwei bis vier Wochen wieder. Trotzdem bist du noch nicht wieder gesund. Im Gegenteil: die Krankheitserreger sind inzwischen in die Blutbahn geraten und verteilen sich jetzt im ganzen Körper. Manchmal wird die Syphilis dann erst Monate später in einem zweiten Stadium als nichtjuckender, über den ganzen Körper verteilter Hautausschlag bemerkt. Aber auch dieser Ausschlag verschwindet wieder, wenn er nicht behandelt wird. Es kann dann Jahre später im dritten Stadium zu den sehr schwerwiegenden Spätfolgen kommen. Viele Organe des Körpers können von der Infektion befallen werden und daran schwer erkranken. So können gefährliche Herz- und Nervenleiden entstehen, aber auch Geisteskrankheiten; schließlich kann sie zum Tod führen. Wenn ein Mädchen oder eine Frau schwanger ist, kann sich die Syphilis auch auf das ungeborene Baby übertragen.

Im ersten Stadium kann die Syphilis durch eine einfache Untersuchung beim Arzt festgestellt werden. Im zweiten und dritten Stadium kann man sie nur durch eine Blutuntersuchung erkennen. Sie erfordert eine längere Behandlung als der Tripper. Es sind mehrere Penicillinspritzen, aber auch andere Medikamente notwendig. Wie beim Tripper muß auch hier nach Abschluß der Behandlung eine regelmäßige Kontrolle erfolgen.

Scheidenentzündungen

Auch Scheidenentzündungen gehören zu den sexuell übertragbaren Krankheiten, obwohl sie nicht nur beim direkten sexuellen Kontakt übertragen werden. Falls man eine Scheidenentzündung hat, sollte man zum Arzt gehen und sich untersuchen lassen. Er wird euch Tabletten zum Einnehmen oder auch Zäpfchen verschreiben, die in die Vagina gesteckt werden. Zu Scheidenentzündungen kommt es meistens durch eine Infektion mit Trichomonaden, Hefepilzen oder Bakterien. Falls du eine solche Entzündung hast, kann dir folgendes helfen:
- halte die Vagina möglichst trocken und vermeide heiße Bäder;
- kratz nicht! Das macht es nur schlimmer;
- prüf nach, ob du einen Tampon in der Scheide vergessen hast – wenn ja, nimm ihn heraus;
- trage kochbare Baumwollunterwäsche und vermeide Nylonhöschen;
- nach dem Pinkeln wasch dich und trockne dich sorgfältig ab;
- benutze in dieser Zeit keine Tampons;
- hab keinen Sex (wenn du nicht darauf verzichten willst, benutzt ein Kondom);
- brich die Behandlung nicht ab, wenn die Symptome verschwunden sind – es ist sehr wichtig, daß sie zu Ende geführt wird;
- sprich mit deinem Partner darüber – denn vielleicht hat er sich angesteckt und muß auch behandelt werden.

Ausfluß

Alle Mädchen haben immer wieder von Zeit zu Zeit ein wenig Ausfluß – das ist ganz normal. Während des Eisprungs, kurz vor der Regelblutung und während der Schwangerschaft nimmt der Ausfluß ein bißchen zu. Er ist entweder klar oder hat eine leicht milchige Farbe. Manchmal vermischt er sich mit Urin – man sieht das dann an den gelblichen Flecken im Slip. Das eine Mädchen hat mehr, das andere hat weniger Ausfluß. Du brauchst dich deswegen nicht schmutzig zu fühlen. Du solltest nicht etwa Scheidenspülungen vornehmen oder dich laufend mit Wasser und Seife bearbeiten. Scheidenspülungen können gerade erst eine Entzündung hervorrufen, weil durch sie das natürliche Scheidenmilieu zerstört wird oder Krankheitserreger hineinkommen können.

Grund zum Arzt zu gehen hast du jedoch, wenn der Ausfluß deutlich gelb oder grünlich wird und außerdem einen unangenehmen Geruch annimmt, oder wenn es in deiner Scheide juckt und brennt, vielleicht sogar im ganzen Unterleib weh tut. In diesem Fall hast du wahrscheinlich eine Scheidenentzündung bekommen, die unbedingt mit den richtigen Medikamenten behandelt werden sollte.

Hefepilze

Die Entzündung der Scheidenschleimhaut durch Hefepilze nennt man auch Candida albicans-Infektion oder Soor. Sie kommt sehr häufig vor, besonders dann, wenn die natürlichen Abwehrkräfte der Scheide oder auch des ganzen Körpers verringert sind. Deine Scheide und vielleicht auch die kleinen und großen Schamlippen werden dann sehr stark jucken. Du wirst einen dicken weißlichen Ausfluß haben und mit dem Spiegel auch in der Scheide einen krümeligen weißen Belag erkennen können, der ein wenig wie frisches Hefebrot riecht. Wenn du versuchst, den Belag wegzureiben, wird die Haut darunter rot und angeschwollen zu sehen sein; du wirst auch Schmerzen dabei haben. Die Schmerzen machen sich besonders beim Geschlechtsverkehr bemerkbar. Wenn der Arzt festgestellt hat, daß du eine Soor-Infektion hast, wird er dir Tabletten oder Salbe verschreiben, die meist mehrere Tage hintereinander in die Scheide eingeführt werden müssen. Vielleicht mußt du außerdem entsprechende Tabletten schlucken. Auf jeden Fall sollte dein Partner mitbehandelt werden, denn auch er kann krank sein, ohne daß Symptome sichtbar sind. Ohne eine Behandlung würdet ihr euch immer wieder gegenseitig von neuem anstecken.

Trichomonaden
Auch die Entzündung der Scheide durch Trichomonaden ist sehr häufig. Sie wird vornehmlich beim Geschlechtsverkehr übertragen. Aber man kann sich beispielsweise auch in Schwimmbädern oder öffentlichen Toiletten anstecken. Es kommt manchmal vor, daß man die Entzündung durch Trichomonaden gar nicht bemerkt. Dann wird sie meist bei einer routinemäßigen Untersuchung beim Frauenarzt festgestellt. Häufig entsteht aber ein feinglasig-schaumiger, grüngelblicher Ausfluß, eure Scheide wird dann brennen und jucken, manchmal wird es auch zu Schmerzen beim Wasserlassen kommen. In diesem Fall sind dann vermutlich die Trichomonaden in die Harnröhre oder sogar in die Blase gewandert. Der Arzt wird dir Tabletten und Zäpfchen verschreiben, die du auch über mehrere Tage nehmen mußt. Dein Partner muß mitbehandelt werden, gleichgültig ob er Symptome hat oder nicht. Bei der Trichomonaden-Infektion, aber auch bei einer Entzündung der Scheide durch Hefepilze oder Bakterien, solltest du unbedingt die Anordnung des Arztes und die Gebrauchsanweisungen der Medikamente befolgen.

Bakterien
In jeder gesunden Scheide befinden sich Bakterien. Zu Krankheiten kommt es erst dann, wenn man beispielsweise allgemein geschwächt ist, wenn Risse in der Scheide entstanden sind, wenn ein Tampon vergessen oder ein unsauberes Pessar oder Kondom benutzt wurde. Auch hierbei kommt es

dann zu Juckreiz, Brennen in der Scheide und Ausflußbeschwerden. Die Scheidenschleimhaut ist meistens rot, geschwollen und ein wenig aufgerauht; es ist also leicht vorstellbar, daß es beim Geschlechtsverkehr weh tut. Auch eine Infektion, die durch Bakterien hervorgerufen wurde, sollte ärztlich behandelt werden. Viele Ärzte verschreiben hier lieber Vaginaltabletten oder Vaginalcreme, weil sie oft wirksamer sind als eine Tabletteneinnahme.

Weitere Erkrankungen

Harnröhren- und Blasenentzündung
Die Entzündung der Harnröhre kommt noch häufiger vor als der Tripper. Manchmal kann eine Harnröhrenentzündung auch durch Gonokokken, also die Krankheitserreger des Trippers, entstanden sein. Aber auch Trichomonaden, Bakterien oder andere Krankheitserreger können sie verursacht haben. Wenn ihr Symptome habt – was nicht immer der Fall sein muß –, dann werden sie sich vor allem beim Pinkeln äußern. Ihr merkt ein starkes Brennen, und manchmal kommt auch dickerer Schleim aus der entzündeten, rotverfärbten Harnröhrenöffnung. Man kann sich beim Geschlechtsverkehr anstecken, aber es kann auch sein, daß zum Beispiel Keime von einer Scheidenentzündung, aus dem Darm oder von einem schmutzigen Handtuch in die Harnröhre wandern. Der Arzt wird durch eine Urinuntersuchung feststellen können, welcher Keim euch angesteckt hat und welche Medikamente ihr zur Behandlung einnehmen müßt.
Oft beschränkt sich die Entzündung auf die Harnröhre; sie kann aber auch auf die Blase übergreifen. Man muß dann sehr häufig pinkeln gehen, auch wenn es meistens nur ein paar Tropfen sind. Das Brennen beim Wasserlassen kann zu starken, auch stechenden Schmerzen werden, gelegentlich können auch Blutspuren oder Eiter im Urin sein. Diese Krankheit ist vor allem bei Frauen sehr verbreitet; wahrscheinlich leiden

mehr als die Hälfte von Zeit zu Zeit darunter. Auch wenn man sie schon mehrmals gehabt hat, kann sie immer wiederkommen. Wie die Harnröhrenentzündung kann auch die Blasenentzündung manchmal, aber durchaus nicht immer, durch den sexuellen Kontakt übertragen werden.

Wenn die Blasenentzündung nicht rechtzeitig behandelt wird, kann sie manchmal innerhalb kurzer Zeit auf die Nieren übergreifen. Das ist eine sehr ernste Erkrankung. Deshalb sollte man unbedingt zum Arzt gehen, wenn eine Harnröhren- oder Blasenentzündung mehrere Tage lang andauert. Bei der Nierenentzündung hat man die gleichen Beschwerden wie bei der Blasenentzündung. Dazu können – aber müssen nicht – ein- oder beidseitige Rückenschmerzen und Fieber kommen. Bei allen Entzündungen der Harnwege – also bei der Harnröhrenentzündung (Urethritis), der Blasenentzündung (Cystitis) und der Nierenentzündung (Nephritis) – mußt du zum Arzt gehen, damit der Urin untersucht und der genaue Krankheitserreger festgestellt werden kann. Meistens wirst du Tabletten verordnet bekommen, die du manchmal über Wochen oder sogar Monate einnehmen mußt. In einigen Fällen wird der Arzt auch eine Röntgenuntersuchung vornehmen. Auf keinen Fall solltest du vergessen, nach ein paar Wochen oder Monaten zu einer Kontrolluntersuchung zu gehen. Es gibt ein paar allgemeine Ratschläge, die dir in den ersten Krankheitstagen helfen können:

– Um eine gute Durchspülung der Harnwege zu erreichen, solltest du sehr viel trinken;
– geh häufig zur Toilette, damit keine Stauungen in den Harnwegen entstehen;
– wasch dich mehrmals am Tag mit klarem Wasser;
– verzichte auf alle parfümierten Seifen oder Deodorants.

Penis und Hoden
Für einen kleinen Jungen mit einem unbeschnittenen Penis ist es manchmal schwierig und schmerzhaft, die Vorhaut über die Eichel zurückzuziehen. Versuch es trotzdem häufiger, denn es

geht meistens nach einiger Zeit leichter. Wenn du älter als zwölf Jahre bist und kannst die Vorhaut immer noch nicht zurückziehen, solltest du zum Arzt gehen. Er wird dann wahrscheinlich eine kleine Operation empfehlen. Sie wird im Krankenhaus unter Narkose durchgeführt, so daß du keine Schmerzen dabei hast. Bei der Operation wird der vordere Teil der Vorhaut abgeschnitten. Du solltest diesen Weg zum Arzt nicht aufschieben, denn ohne die Beschneidung wirst du beim ersten Geschlechtsverkehr Schmerzen haben. Außerdem kann es bei einer zu engen Vorhaut leicht zu Infektionen kommen, weil sich Smegma – also das talgige Sekret, das unter der Vorhaut produziert wird – ansammeln kann. Das kann natürlich auch dann passieren, wenn du die Vorhaut zwar zurückziehen kannst, aber die Eichel nicht regelmäßig und sorgfältig wäschst. Die entzündete Vorhaut kann dann rot, geschwollen und sogar eitrig werden. Wenn du rechtzeitig zum Arzt gehst, wirst du dir viele Schmerzen ersparen.

Manchmal kann man bei kleinen Jungen kurz nach der Geburt nur einen Hoden fühlen und sehen. Das hat meistens folgenden Grund: während der Schwangerschaft liegen die Hoden bei einem Jungen noch im Unterbauch; sie wandern erst kurz vor der Geburt in den Hodensack. Falls ein Hoden im Unterbauch zurückgeblieben ist, wird der Junge nur mit einem sichtbaren Ei geboren. Der Arzt wird zunächst eine mehrmonatige Hormonbehandlung empfehlen. Wenn danach der zweite Hoden immer noch nicht in den Hodensack gewandert ist, hilft nur eine Operation. Sie muß unbedingt vor dem 5. bis 6. Lebensjahr durchgeführt werden, weil sonst das zurückgebliebene Ei im Unterbauch verkümmert. Manchmal kann auch in späteren Lebensjahren ein Ei aus dem Hodensack in den Unterbauch zurückschlüpfen. Du solltest in solchen Fällen den Arzt aufsuchen, denn vielleicht hast du einen Leistenbruch, der operiert werden muß.

Die Hoden sind sehr empfindliche und verwundbare Körperteile. Jeder Junge hat das schon einmal beim Sport oder beim Raufen bemerkt. Für Schmerzen im Hodensack gibt es verschiede Ursachen – wobei nicht immer Krankheiten vorliegen müssen. Manchmal können die Hoden weh tun, wenn man längere Zeit erregt war, ohne einen Orgasmus gehabt zu haben. Es hilft dann, wenn man durch Masturbation oder Geschlechtsverkehr zur Ejakulation kommt. Falls die Schmerzen länger anhalten oder stärker werden, solltest du zum Arzt gehen, um auszuschließen, daß es etwas Ernsthafteres sein könnte. Ein Schlag in die Hoden kann nicht nur weh tun, sondern auch gefährlich sein, weil sie zerstört werden können. Deshalb tragen zum Beispiel Boxer oder Eishockeyspieler einen Hodenschutz.

Menstruationsbeschwerden

Die meisten Mädchen und Frauen fühlen ein gewisses Unbehagen oder auch leichte Schmerzen kurz vor, während oder auch kurz nach der Regelblutung. Das kann in den ersten Jahren, wenn ein Mädchen ihre Periode bekommt, stärker sein. Die Beschwerden äußern sich in Krämpfen, Durchfall, Verstopfung, geschwollenen oder auch schmerzenden Brüsten, einem allgemeinen Gefühl des Unbehagens, plötzlichen Tränenausbrüchen ohne ersichtlichen Grund, Nervosität, Fiebrigkeit oder einem Gefühl von Traurigkeit. Manche Mädchen merken gar nichts – oder nur sehr wenig –, während andere sich so unglücklich fühlen, daß sie sogar für einige Tage im Bett bleiben müssen.

Viele Frauen leiden unter mehreren dieser Beschwerden, aber sie tun nichts dagegen, weil sie glauben, daß sie es ertragen müssen. Das ist falsch. In der Regel gibt es keinen Grund, körperliche Schmerzen auszuhalten, die leicht beseitigt werden könnten – auch nicht während der Regelblutung. Manchmal hilft ein bißchen Entspannungsgymnastik, ein warmes Bad oder eine Wärmflasche, die man auf den Unterleib legt. Auch eine Schmerztablette kann helfen. Falls die Schmerzen unerträglich werden, solltest du zum Arzt gehen. Möglicherweise wird er dir die Pille verschreiben, die sehr oft die üblichen Beschwerden während der Menstruation verringern kann.

Während der Regelblutung brauchst du dich normalerweise nicht anders zu verhalten als sonst. Du kannst schwimmen gehen, deine Haare waschen, Sport treiben, warme Bäder nehmen und selbstverständlich auch Geschlechtsverkehr haben, wenn du magst. Du solltest vermeiden, deine Menstruation als Entschuldigung zu benutzen, wenn du irgend etwas nicht tun möchtest – es sei denn, du fühlst dich wirklich schlecht.

Krebs

Man weiß heute, daß Krebs geheilt werden kann, wenn er rechtzeitig erkannt wird. Traurigerweise machen sich das die meisten Menschen nicht klar. Oft mag auch der Gedanke, Krebs zu haben, so erschreckend für sie sein, daß sie selbst dann den Gang zum Arzt scheuen, wenn sie bereits die ersten Beschwerden spüren. Einige Ursachen des Krebses sind bekannt, andere noch nicht. In allen Fällen kommt es dazu, daß sich Körperzellen unkontrolliert vermehren. Im ersten Stadium der Erkrankung kommt es zu Krebsgeschwülsten am Entstehungsort: das kann in der Brust, in der Gebärmutter, im Magen, im Darm, an den Hoden, an der Vorsteherdrüse, in der Lunge, an der Leber, an den Knochen oder an vielen anderen Stellen des Körpers sein. Falls die Krebsgeschwülste jetzt erkannt und herausoperiert werden, ist Heilung meist in allen Fällen zu erwarten. Schwieriger wird es erst, wenn die schnell und wild wachsenden Krebszellen über die Blutbahn zu anderen Körperteilen gewandert sind und dort «Tochtergeschwülste» gebildet haben. Aber auch dann ist Hilfe noch in vielen Fällen möglich.

Brustkrebs

Sowohl Männer wie auch Frauen können Brustkrebs bekommen – bei Frauen ist er jedoch häufiger. Jedes Mädchen sollte

166

sich darum angewöhnen, ihre Brüste regelmäßig zu untersuchen. Wie macht man das? Zunächst sollte man sie sich vor dem Spiegel genau ansehen – von vorn und auch von der Seite. Wenn man irgendwelche Veränderungen sieht – Verdikkungen, Tiefungen, Einziehungen, Falten oder Dellen –, kann man mit Recht beunruhigt sein. Als nächstes sollte man jede Brust mit der Hand kreisförmig abtasten: die linke Brust mit der rechten Hand, die rechte Brust mit der linken Hand. Dabei solltest du vor allen Dingen den oberen seitlichen Teil der Brust kontrollieren. Suche auch nach verdickten Lymphknoten in den Achselhöhlen.

Du solltest sofort zum Arzt gehen, falls du eines der folgenden Zeichen bemerkst:

– Verknotungen in der Brust;
– Dellen, Grübchen oder Einziehungen an der Brust;
– Veränderungen an den Brustwarzen;
– Flüssigkeitsabsonderung der Brustwarzen;
– geschwollene Lymphdrüsen in den Achselhöhlen;
– Schmerzen an der Brust oder in den Achselhöhlen;
– ungewöhnlich feste oder gespannte Brüste über eine längere Zeit.

Das Vorliegen dieser Zeichen ist natürlich nicht unbedingt ein Signal dafür, daß du Krebs hast. So wirst du etwa feste und gespannte Brüste auch kurz vor der Menstruation haben oder wenn du schwanger bist. Und viele Mädchen und Jungen haben von Geburt an eingezogene Brustwarzen (sogenannte Hohl- oder Schlupfwarzen). Auch kleinere oder größere Knoten in der Brust müssen nicht bösartig sein. Sie kommen zum Beispiel bei der häufigsten aller Brustveränderungen, der Mastopathie, vor – und diese ist gutartig. Aber ob es sich in deinem Fall um etwas Gut- oder Bösartiges handelt, kann allein der Arzt feststellen. Es mag etwas völlig Harmloses sein, das keine Behandlung braucht; aber es kann auch Krebs sein – und in diesem Fall kannst du es dir nicht erlauben, Zeit zu vergeuden!

Gebärmutterkrebs

Wenn die Gebärmutter an Krebs erkrankt, dann ist in jüngeren Jahren häufig der Gebärmutterhals betroffen. Seit Jahren versucht man in Untersuchungen, die Ursache von Gebärmutterhalskrebs herauszufinden. So wird behauptet, daß es mit dem Alter der Frau beim ersten Geschlechtsverkehr, der Anzahl der Geburten, der Häufigkeit des Geschlechtsverkehrs oder mit Abtreibungen zusammenhängt. Diese Annahmen sind jedoch wissenschaftlich noch nicht eindeutig geklärt. Was man dagegen heute sicher sagen kann, ist, daß Krebs gefördert wird, wenn der Gebärmutterhals laufend mit einem Penis in Berührung kommt, der unsauber ist. Daher ist es wichtig, daß jeder Junge seinen Penis regelmäßig wäscht – besonders wenn er nicht beschnitten ist, weil sich dann viele Krankheitserreger unter der Vorhaut ansammeln können.

Gewöhnlich braucht es mehrere Jahre, bis sich der Gebärmutterhalskrebs entwickelt; aber er kann auch schon in einem sehr frühen Stadium entdeckt und behandelt werden, bevor er zu einer ernsthaften Gefahr wird. Wenn ein Mädchen angefangen hat, sexuelle Beziehungen aufzunehmen, sollte sie regelmäßig zum Frauenarzt gehen. Die Unterleibsuntersuchung findet auf einem speziellen Stuhl statt. Der Arzt wird von der Schleimhaut des Gebärmutterhalses einen kleinen Zellabstrich machen und diesen auf Krebszellen untersuchen lassen. Normalerweise ist diese Untersuchung schmerzlos. Einige Tage oder Wochen später bekommst du dann Bescheid, ob alles in Ordnung ist. Wenn im Abstrich krebsverdächtige Zellen gefunden wurden, mußt du zu einer weiteren Untersuchung zum Arzt gehen. Falls sich bei dieser Kontrolluntersuchung herausstellt, daß sich einige Krebszellen in dem Abstrich befinden, ist eine Operation erforderlich. Wird die Erkrankung rechtzeitig erkannt, braucht nur ein kleines Stückchen des Gebärmutterhalses entfernt zu werden. Sind die Gewebeveränderungen dagegen weiter fortgeschritten, muß unter Umständen die ganze Gebärmutter herausgenommen werden. – Manche Frauen, aber auch viele Männer, befürchten, daß nach solchen Operationen ihr gemeinsames Sexualleben sehr beeinträchtigt sein wird. Man kann aber nach einer solchen Unterleibsoperation genausoviel sexuelle Lust empfinden und Spaß miteinander haben wie vorher.

Krebs der männlichen Sexualorgane
Der häufigste Krebs an den Sexualorganen von Männern ist der Krebs an der Vorsteherdrüse. Er tritt aber in der Regel erst in späteren Jahren auf. Bei Jungen dagegen kommt es auch manchmal – aber sehr selten – vor, daß sich ein Krebs am Penis oder in den Hoden entwickelt. Wie alle Krebsarten muß er möglichst schnell behandelt werden. Jede andauernde Schwierigkeit beim Pinkeln, Knötchen am Penis oder Schwellungen im Hoden, Geschwüre oder ähnliches sind Grund genug, sofort einen Arzt aufzusuchen. Häufig ist eine Schwellung im Hoden nur auf eine Flüssigkeitsansammlung (Zyste) zurückzuführen, die man durch einen kleinen Eingriff schnell beseitigen kann. Aber ob es etwas Harmloses oder Gefährliches ist, sollte allein der Arzt herausfinden. Versäume keine Zeit, wenn du eines der genannten Zeichen bei dir bemerkst – geh zum Arzt!

Sexualität und Recht

Viele unserer Gesetze sollen Menschen davor schützen, durch andere verletzt oder benachteiligt zu werden. So ist es beispielsweise bei den Gesetzen, nach denen ein Betrug oder Diebstahl bestraft wird. Im großen und ganzen trifft das auch für das Sexualstrafrecht zu. Schaut man es dagegen genauer an, so findet man da und dort immer noch Gesetze, die nicht nur vor Benachteiligung schützen; manchmal behindern sie auch die sexuelle Selbstbestimmung, indem sie gerade sexuelle Erfahrungen unter Strafe stellen. – Die folgenden Abschnitte geben dir einen kurzen Überblick über die wichtigsten Bestimmungen aus dem Sexualstrafrecht. Du kannst so selbst sehen, wie diese Gesetze dein eigenes Sexualleben berühren. Wenn du Genaueres über den einen oder anderen Punkt wissen willst, solltest du dich an die im Anhang genannten Beratungsstellen wenden.

Verführung

Wer ein Mädchen unter sechzehn Jahren zum Geschlechtsverkehr verführt, muß mit einer Freiheitsstrafe bis zu einem Jahr oder mit einer Geldstrafe rechnen. Falls der «Täter» unter 21 Jahre alt ist, kann das Gericht laut § 182 StGB von einer Strafe absehen. Die Tat wird übrigens nur auf Antrag verfolgt. Außerdem fällt die Strafe weg, wenn der Junge oder Mann das Mädchen heiratet. Seltsam ist allerdings, daß bei der «Verführung» nur der Mann bestraft wird. Wenn dagegen beispielsweise eine 22jährige junge Frau einen fünfzehnjährigen

170

3 MONATE GEFÄNGNIS (MIT BEWÄHRUNG)

5 JAHRE GEFÄNGNIS (OHNE)

Jungen «verführt», geht sie straffrei aus. Keine strafbare Handlung liegt auch dann vor, wenn das Mädchen selbst gern mit dem Mann schlafen wollte – wie es zum Beispiel bei Liebesbeziehungen der Fall sein wird. – Wenn das Mädchen jünger als vierzehn Jahre alt ist, der Mann dagegen volljährig, muß er mit einer noch höheren Strafe rechnen (vgl. unter Pädophilie). Es sei denn, der Mann hat geglaubt, das Mädchen sei schon vierzehn Jahre alt.

Obgleich die Vorstellungen des Gesetzgebers gerade erst im Jahre 1975 neu formuliert wurden, zeigen die Strafbestimmungen dennoch, wie weit sie vielfach von der Wirklichkeit entfernt sind. Ungefähr ein Drittel aller Mädchen haben bereits im Alter zwischen vierzehn und sechzehn Jahren ihr erstes sexuelles Erlebnis. Vor dem Gesetz sind diese Mädchen allerdings in bezug auf den Koitus «asexuell» und müssen durch Paragraphen geschützt werden. Auch die unterschiedliche Behandlung von Frauen und Männern kommt in diesem Gesetz klar zum Ausdruck. Wie gesagt ist von Jungen unter sechzehn Jahren, die von Frauen verführt werden, nirgendwo die Rede. Dahinter steckt wohl die Vorstellung, daß nur Männer die Initiative ergreifen und daß diese durch ihren ersten Geschlechtsverkehr auch nichts an Wert verlieren, denn sie haben ja kein Jungfernhäutchen.

Exhibitionismus

Ein Exhibitionist ist jemand, der zum Zweck der eigenen sexuellen Erregung seinen Körper (besonders Brüste und Genitalien) zur Schau stellt. Strafbar ist diese Handlung dann, wenn er das ohne Einverständnis des anderen, der ihn sieht, tut. Die «Tat» wird nur auf Antrag verfolgt – es sei denn, die Polizei meint, es läge ein öffentliches Ärgernis vor. – Auch hier wird die unterschiedliche Behandlung von Frauen und Männern deutlich, denn Frauen werden nur in Ausnahmefällen (nämlich wegen exhibitionistischer Handlungen im Zu-

sammenhang mit einer anderen Straftat) bestraft. Ein Exhibitionist kann mit Freiheitsstrafe bis zu einem Jahr oder mit Geldstrafe belegt werden. Falls der Betroffene sich einer Behandlung unterzieht, kann die Strafe zur Bewährung ausgesetzt werden.

Natürlich sind viele Mädchen, wenn sie sich einem Exhibitionisten gegenübersehen, erst einmal erschrocken oder vielleicht auch verärgert. Ganz allgemein betrachtet ist es wohl niemals erfreulich, eine unerwünschte sexuelle Erfahrung zu machen oder daran erinnert zu werden, daß Frauen in unserer

Gesellschaft als Sexualobjekte gelten. Gerade junge Mädchen wissen oft nicht, was ein Exhibitionist beabsichtigt und können sich darum in einer solchen Situation ziemlich fürchten. Tatsache ist, daß nur ganz wenige Exhibitionisten irgend jemandem etwas antun oder die Person, der sie sich zeigen, berühren wollen. Gerade die Schwierigkeit, mit anderen Menschen Kontakt aufzunehmen und befriedigende (sexuelle) Beziehungen aufzubauen, läßt jemanden unter bestimmten Bedingungen zum Exhibitionisten werden. Vielleicht könnt ihr dieses Verhalten besser verstehen, wenn ihr einmal daran denkt, daß wohl jeder von uns sich in bestimmten Situationen sehr gern anschauen läßt. Aber wir lernen alle von klein auf, daß man sich fremden Menschen gegenüber nicht nackt zeigen darf und daß man die Freude, gesehen zu werden, unterdrükken muß.

Homosexualität

Über Homosexualität und homosexuelle oder lesbische Beziehungen habt ihr schon in einem anderen Kapitel etwas gelesen. Homosexuelle Handlungen unter Männern über achtzehn Jahren sind seit den Strafrechtsreformen von 1969 und 1973 nicht mehr strafbar. Lesbische Beziehungen waren schon vorher nicht verboten. Obgleich die Strafrechtsreform große Erleichterungen für Homosexuelle brachte, sind sie nach wie vor rechtlich benachteiligt, denn es gelten für homosexuelle Handlungen – soweit sie Jugendliche mit betreffen – immer noch verstärkte gesetzliche Bestimmungen. Deutlich wird das, wenn ihr die strafrechtlichen Konsequenzen unter dem Kapitel «Verführung» (§ 182 StGB) mit denen des § 175 StGB (homosexuelle Handlungen) vergleicht. Danach bekommt ein Mann über achtzehn Jahren, der sexuelle Handlungen an einem Mann unter achtzehn Jahren vornimmt oder von einem Mann unter achtzehn Jahren an sich vornehmen läßt, eine Freiheitsstrafe bis zu fünf Jahren oder eine Geldstrafe. Zwar kann auch hier das Gericht unter bestimmten Bedingungen von einer Strafe absehen, zum Beispiel wenn der sogenannte «Täter» noch nicht 21 Jahre alt ist; aber die Ungleichbehandlung von Homosexuellen wird dadurch nicht aus der Welt geschafft.

Beide Paragraphen – § 175 StGB und § 182 StGB – handeln von sexuellen Beziehungen zwischen Erwachsenen und Jugendlichen. Bei heterosexuellen Handlungen ist das Strafmaß viel geringer (maximal ein Jahr Freiheitsstrafe) als bei homosexuellen Handlungen (maximal fünf Jahre Freiheitsstrafe). Außerdem «darf» ein erwachsener Mann einen Jungen erst dann «verführen», wenn der Junge bereits achtzehn Jahre alt ist, ein Mädchen aber schon ab dem sechzehnten Lebensjahr (vgl. § 182 StGB). Anscheinend ist also ein siebzehnjähriger Junge durch das Gesetz viel stärker zu schützen als ein siebzehnjähriges Mädchen. Und andererseits schadet ihm wohl weibliche Verführung so wenig, daß sie überhaupt nicht unter Strafe gestellt wird. Auch wenn ein junges Mädchen durch eine erwachsene Frau «verführt» wird, sieht der Gesetzgeber keine Veranlassung, sie davor zu schützen.

Ihr werdet mit Recht fragen, womit diese ungleiche Behandlung begründet wird. Antworten darauf gibt es viele, jedoch kann keine überzeugen! – Falls ihr in bezug auf eine homosexuelle oder lesbische Beziehung mit dem Gesetz in Konflikt geratet, könnt ihr euch an eine der im Anhang genannten Beratungsstellen wenden; sie werden euch auch homosexuelle oder lesbische Arbeitskreise und Gruppen nennen, wo ihr weitere Hilfe und Unterstützung findet.

Inzest

Inzest ist der Geschlechtsverkehr zwischen nahen Verwandten – zum Beispiel zwischen dir und deiner Mutter, deinem Vater, deinem Bruder, deiner Schwester, deiner Großmutter oder deinem Großvater. Der Begriff Inzest ist dir vielleicht bekannter unter dem Namen Blutschande. Inzest ist heutzutage in fast allen Ländern verboten. Bei uns wird nach § 174 StGB jemand, der mit seinem noch nicht achtzehn Jahre alten leiblichen oder angenommenen Kind Geschlechtsverkehr hat, mit einer Freiheitsstrafe bis zu fünf Jahren oder mit Geldstrafe bestraft. Falls das Kind jünger als vierzehn Jahre alt ist, wird oft noch § 176 StGB (sexueller Mißbrauch von Kindern) wirksam; die Strafe ist dann meistens höher.

Inzest kommt gar nicht so selten vor – besonders zwischen Geschwistern oder Vater und Tochter. Für viele Menschen ist dieser Gedanke sehr angsterregend, wenn nicht sogar abstoßend. Allgemein ist die Befürchtung sehr verbreitet, daß ein Kind, welches aus einer inzestuösen Beziehung hervorgeht, hirngeschädigt oder in irgendeiner Weise behindert sein könnte. Es liegt nahe zu denken, daß gerade deswegen der Geschlechtsverkehr zwischen Verwandten strafbar ist. Bisherige medizinische Untersuchungen konnten die Annahme, daß es bei Geschlechtsbeziehungen zwischen nahen Verwandten häufiger als sonst zu sogenannter «degenerierter Nachkommenschaft» käme, aber nicht stützen. Allein das Auftreten einiger sehr seltener, erblich bedingter Krankheiten wird in solchen Verbindungen häufiger sein. Übrigens wird ein Mädchen, das ein Kind von seinem Bruder, Vater oder Onkel erwartet, in jedem Fall einen Schwangerschaftsabbruch durchführen lassen können.

Nicht immer ist es für ein Mädchen oder einen Jungen einfach, «nein» zu einem nahen Verwandten zu sagen, wenn dieser Geschlechtsverkehr mit ihm wünscht. Das hängt schon damit zusammen, daß Beziehungen zwischen Kindern und zum Beispiel ihren Eltern ungleich sind – Eltern haben sehr viel mehr Macht und Kontrolle in einer solchen Situation als ihre Kinder. Hinzu kommt, daß es für einen jungen Menschen sehr schwer ist, einen nahen Verwandten bei der Polizei anzuzeigen – führt das doch in der Regel dazu, daß dieser ins Gefängnis muß. Es ist schwer, dir für eine solche Situation etwas zu empfehlen – aber geh davon aus, daß dein Körper dir gehört und daß du nichts ertragen solltest, was dir keinen Spaß macht. Übrigens geht die «Verführung» sicher nicht immer nur vom Erwachsenen aus, sondern manchmal auch vom Kind oder Jugendlichen. Gerade wenn Menschen viele Jahre lang auf engem Raum zusammen leben oder sich auch sonst sehr gut kennen, kann es gelegentlich zu Versuchungssituationen kommen.

Falls du mit einem solchen Problem nicht allein fertig wirst, versuche jemanden zu finden, mit dem du darüber sprechen kannst – vielleicht einen anderen Verwandten, deinen Freund, deinen Lehrer oder deinen Arzt. Wenn du mit einem Elternteil Geschlechtsverkehr hattest, ist es in der Regel nicht so empfehlenswert, als erstes den anderen Elternteil einzuweihen – denn er wird vermutlich zuerst einmal so verletzt und bestürzt reagieren, daß er dir in dieser Situation nicht wirklich helfen kann. Wenn du niemanden in deiner nächsten Umgebung kennst, dem du dich anvertrauen möchtest, kannst du dich an eine Beratungsstelle wenden. Erst danach solltest du entscheiden, ob die Polizei eingeschaltet werden muß.

Pädophilie

Es ist nicht einfach, eine Definition des Begriffs Pädophilie zu geben. Sie hängt von der Gesetzgebung und von der in einem bestimmten Land und zu einer bestimmten Zeit herrschenden Auffassung ab. Manche Unklarheit verschwände, wenn man das Wort Pädophilie in seiner ursprünglichen ältesten Bedeutung benutzen würde; dann könnte man es mit «Kinder gernhaben» übersetzen. Bei uns wird der Begriff Pädophilie ähnlich wie das Wort Homosexualität vor allem gebraucht, um den sexuellen Charakter einer bestimmten Beziehung zu kennzeichnen. Pädophile sind danach Frauen und Männer (in unserer Gesellschaft meistens Männer), die sich sexuell durch Kinder angezogen fühlen. – Nach § 176 StGB wird jemand, der sexuelle Handlungen an einer Person unter vierzehn Jahren vornimmt oder an sich von einem Kind vornehmen läßt, mit einer Freiheitsstrafe von sechs Monaten bis zu zehn Jahren oder mit einer Geldstrafe belegt.

Natürlich sind Beziehungen, die einseitig auf den sexuellen Bedürfnissen von nur einem der beiden Beteiligten aufbauen, nie wünschenswert – weder zwischen Erwachsenen noch zwischen Erwachsenen und Kindern. Und für viele Situationen ist anzunehmen, daß ein Kind seine Wünsche, aber auch Abneigungen gegenüber einem Erwachsenen sehr viel weniger gut durchsetzen kann, als etwa der Erwachsene gegenüber dem Kind. Es gibt jedoch auch viele pädophile Beziehungen, die durch wechselseitige Gefühle der Anziehung zwischen einem Jüngeren und einem Älteren gekennzeichnet sind – wobei sexuelle Gefühle nicht ausgeschlossen werden. Kinder haben oft sexuelle Bedürfnisse und Gefühle und sind auch bereit, diese zu äußern, wenn sie ihnen nicht durch Erziehung abtrainiert wurden. Diese Gefühle und Bedürfnisse können sich auf das gleiche, auf das andere Geschlecht oder auch auf Personen richten, die älter sind als sie selbst. Betrachtet man solche Beziehungen, dann erscheint es recht fraglich, ob sich eine Altersgrenze zwischen Kinder- und Erwachsenensexualität so deutlich ziehen läßt, wie es bei uns der Gesetzgeber festgelegt hat.

Es gibt Kinder, die Spaß an einer (sexuellen) Beziehung mit einem älteren Menschen haben und dadurch nicht geschädigt werden; für manche mag es das erste Mal sein, daß sie überhaupt Zuwendung und Zärtlichkeit durch einen anderen Menschen bekommen. In anderen Fällen wieder kommt es vor, daß das kindliche Bedürfnis nach Wärme und Kontakt zu sexuellen Zwecken benutzt wird, die mehr den Bedürfnissen des Erwachsenen als denen des Kindes entsprechen. Immer wieder taucht die Frage auf, ob sexuelle Beziehungen zwischen Kindern und Erwachsenen schädlich seien. Das ist im Einzelfall sicher sehr unterschiedlich zu bewerten. Ganz allgemein geht man heute in der Sexualwissenschaft davon aus, daß seltener der direkte sexuelle Kontakt dem Kind schadet, als vielmehr die nachfolgenden Reaktionen der Umwelt (zum Beispiel durch manche Eltern, Lehrer oder die Polizei – die oft dem Kind erst zeigen, daß es an einer verbotenen Handlung beteiligt war). – Wenn ihr selbst in einer solchen Situation seid, sprecht mit euren Eltern oder mit guten Freunden darüber; ihr könnt auch zu einer Beratungsstelle gehen.

Ihr alle habt von klein auf von euren Eltern gesagt bekommen, daß ihr keine Geschenke von Fremden annehmen und mit niemandem mitgehen sollt, den ihr nicht kennt. Das ist schon darum richtig, weil ein Kind (oder manchmal auch ein Jugendlicher) die Tragweite eines solchen Kontakts noch nicht richtig einschätzen und sich gegen mögliche unerwünschte sexuelle Handlungen des Erwachsenen auch nicht ausreichend zur Wehr setzen kann. Wichtig zu wissen ist aber, daß es sehr viel häufiger zu Kontakten zwischen Kindern und Erwachsenen kommt, bei denen der Erwachsene aus dem nahen Umfeld des Kindes kommt – also ein guter Bekannter, Freund oder Nachbar der Familie ist.

Pornographie

Pornographie ist erotisches Material – Bücher, Bilder, Filme und vieles andere mehr –, durch das Menschen sexuell erregt werden können. Unter «weiche Pornographie» fallen beispielsweise Bilder von nackten Frauen und Männern (gewöhnlich Frauen), wie man sie täglich in der *Bild*-Zeitung oder in vielen Wochenzeitschriften sehen kann. Zeitschriften wie der *Playboy* gehen ein bißchen weiter in dem, was sie zeigen und beschreiben, aber man rechnet sie trotzdem noch zu den sogenannten «weichen Porno-Blättern». «Harte Pornographie» dagegen beschreibt mit Bildern und Worten in allen Einzelheiten so ziemlich jede sexuelle Aktivität, die man sich vorstellen kann, ohne der Phantasie des Lesers oder Beschauers noch viel Raum übrigzulassen.

Vom Gesetz her wird sogenannte «weiche Pornographie» allgemein toleriert. Auch «harte Pornographie» kann man heute fast überall kaufen, in sogenannten Sexläden oder über den Versandhandel – der Käufer muß allerdings volljährig sein. Den Verkauf oder Versand von pornographischem Material an Minderjährige verbietet der § 184 StGB. Danach wird mit Freiheitsstrafe bis zu einem Jahr oder mit Geldstrafe belegt, wer einer Person unter achtzehn Jahren «hartes» pornographisches Material überläßt, zugänglich macht oder anbietet. Wenn solches Material einem Kind unter vierzehn Jahren gezeigt wird, kann die Strafe sogar höher ausfallen.

Die Meinungen über Pornographie gehen bei uns seit Jahrzehnten sehr auseinander. Manche plädieren dafür, alle Pornographie zu verbannen, weil sie nur den rohen körperlichen Aspekt sexueller Beziehungen vermitteln würde. Andere wieder meinen, daß das Verbieten von Pornographie mehr schadet als die Pornographie selbst – weil dieses Verbot bewirken könnte, daß viele Menschen, die dadurch angeregt werden, sich dann schlecht und verdorben fühlen. – Es gibt aber keine wissenschaftlichen Hinweise darauf, daß etwa Menschen, die sich «harte Pornos» ansehen, deswegen zu Sexualverbrechern werden könnten. Und Tatsache ist auch, daß es Sexualberater gibt, die Patienten mit sexuellen Problemen pornographisches Material empfehlen, damit diese sich davon sexuell erregen lassen.

Eines der Hauptprobleme bei Pornographie ist, daß sie fast ausschließlich von Männern für Männer hergestellt wird, um damit viel Geld zu verdienen. Frauen erscheinen darin meist jung und hübsch, aber gleichzeitig wie dümmliche und geile Tiere – eine Mischung, die viele Männer in unserer Gesellschaft anscheinend sehr anspricht. Die meiste Pornographie unterstützt den weitverbreiteten Glauben, daß es Spaß macht, Frauen ausschließlich als Sexualobjekte zu behandeln. So wie Sexualität in Pornos dargestellt wird, ist sie in der Realität kaum zu finden. Dadurch kann mancher Jugendliche, der keine oder nur wenige sexuelle Erfahrungen hat, verunsichernde Vorstellungen und Erwartungen über weibliche und männliche Sexualität bekommen. Für manche Menschen mag es auch ein Problem sein, daß wir heute geradezu mit Pornographie im weitesten Sinne überschwemmt werden.

Gesetze, die in der Vergangenheit versuchten, Pornographie völlig zu verbieten, hatten damit wenig Erfolg. Was sie erreichten, war lediglich, daß das Material unter der Hand gehandelt wurde, daß die Preise nach oben kletterten und daß die Käufer ein schlechtes Gewissen bekamen. Eine Gesellschaft, in der Frauen gleichberechtigt behandelt werden würden, hätte vielleicht erotisches Material, in dem Frauen so abwertend dargestellt werden, nicht mehr nötig.

Prostitution

Die Mehrzahl der Prostituierten sind Frauen, die sexuelle Leistungen jeder Art gegen Geld verkaufen. Es gibt verschiedene Gründe, warum Mädchen und Frauen zu Prostituierten werden – sexuelle Gründe sind jedenfalls in der Regel kaum beteiligt. Manche Prostituierten werden von sogenannten «Zuhältern» ausgebeutet. Das sind meist Männer, die über das «Geschäft» der Frauen wachen, verhindern, daß sie «aussteigen» und das meiste des verdienten Geldes für den sogenannten «persönlichen Schutz» der Prostituierten beanspruchen.

Prostituierte sind beim Gesundheitsamt meldepflichtig. Dies vor allen Dingen deshalb, damit die mögliche Verbreitung von Geschlechtskrankheiten unter Kontrolle gebracht werden kann. Wer gegen diese Bestimmung verstößt, kann mit einer empfindlichen Geldstrafe belegt werden. Mit Freiheitsstrafe bis zu mehreren Jahren können nach § 180 a StGB diejenigen bestraft werden, die die Prostitution von Menschen unter 21 Jahren fördern. Auch das Bereitstellen einer Wohnung zum Zweck der gewerbsmäßigen Prostitution kann als Förderung gelten. Wer jemanden, der der Prostitution nachgeht, ausbeutet – also der sogenannte Zuhälter –, kann mit einer Freiheitsstrafe von sechs Monaten bis zu fünf Jahren bestraft werden (§ 181 a StGB).

Bezahlter Sex gibt weder dem Kunden noch der Prostituierten einen Eindruck davon, wie schön eine sexuelle Beziehung sein kann, die auf gegenseitiger Liebe beruht. Prostituierte werden von den Kunden fast immer als Sexualobjekt betrachtet, von der Justiz her fast als Kriminelle und vom Rest der Gesellschaft als Außenseiter. – Wie bei uns, ist auch in vielen anderen Ländern die Prostitution Erwachsener unter bestimmten Bedingungen erlaubt. Es gibt Puffs, Bordelle und in jüngster Zeit sogenannte Eros-Center – alles Häuser, in denen Prostituierte arbeiten. Der Staat hat ein Interesse daran, daß die Prostitution sich auf einige wenige Plätze in einer Stadt konzentriert. Zum einen werden dadurch andere Menschen nicht so sehr belästigt, zum anderen können die Ausbreitung von Geschlechtskrankheiten, das Tun und Treiben von Zuhältern und schließlich kriminelle Delikte, die in Verbindung mit dem Prostituiertenmilieu geschehen, besser kontrolliert werden.

Es gibt Frauen und Männer, die aus verschiedenen Gründen keine gefühlsmäßige und emotionale Beziehung zu jemandem haben möchten oder können, mit dem sie sexuellen Kontakt haben. Einige befriedigen ihre Bedürfnisse dann durch die Masturbation, andere denken daran, sich Sex für Geld zu kaufen. Abgesehen davon, daß das auf die Dauer auch ziemlich teuer werden kann, ist es vor allem auch keine Lösung der jeweiligen menschlichen Probleme, die in Wirklichkeit dahinterstecken.

Voyeurismus

Voyeur ist das französische Wort für Zuschauer. Einen Voyeur nennt man bei uns auch «Spanner» – also ein Mensch, der mehr durch das Zuschauen bei sexuellen Handlungen anderer erregt wird als dadurch, daß er sich selbst sexuell aktiv verhält. Die Justiz hat es meistens mit männlichen Voyeuren zu tun, aber auch Frauen werden manchmal in diesem Sinne «auffällig».

Voyeure befriedigen ihre sexuellen Bedürfnisse häufig dadurch, daß sie durch Schlüssellöcher in Schlafzimmer oder Toiletten schauen oder sich in der Nähe von Umkleideräumen, Schwimmbädern oder Parkplätzen aufhalten, in der Hoffnung, andere bei sexuellen Handlungen beobachten zu können. Es ist nicht ganz einfach, jemandem eine voyeuristische Handlung nachzuweisen, denn der Betroffene kann leicht sagen, er sei nur zufällig vorbeigekommen. Rechtlich kann der Voyeur nach § 185 StGB (Beleidigung) mit einer Freiheits- oder Geldstrafe belegt werden. In der Praxis kommt es wohl aber nur selten dazu.

Du kannst dich schon erschrecken, wenn du mit deinem Freund oder deiner Freundin im Auto schmust und dabei merkst, daß euch jemand beobachtet. Falls du dich beeinträchtigt fühlst, kannst du es der Polizei melden. Hast du den Eindruck, selbst ein Voyeur zu sein, kannst du eine der im Anhang genannten Beratungsstellen aufsuchen. Aber du kannst sicher sein, daß viele Menschen schon gelegentlich anderen bei sexuellen Handlungen zugeguckt haben. Als Voyeur würde man dich erst bezeichnen, wenn das Zuschauen fast deine einzige Möglichkeit ist, sexuelle Lust zu empfinden.

Transsexualität

Ein transsexueller Mensch ist jemand, der sich mit dem anderen Geschlecht psychisch vollständig identifiziert und deshalb sein eigenes biologisches Geschlecht wechseln möchte. Ein Transsexueller ist also kein Zwitter (der weder ganz zum einen noch zum anderen Geschlecht gehört). Von Geburt an ist der Transsexuelle vom Körper her eindeutig männlich oder weiblich. Entstehung und Ursache der Transsexualität sind heute noch nicht endgültig geklärt. Man weiß aber, daß Einflüsse in der frühen Kindheit darüber mit entscheiden, ob sich jemand psychisch als Junge oder Mädchen fühlt. – Es ist nicht ungesetzlich, ein Transsexueller zu sein.

Nach den vorliegenden wissenschaftlichen Ergebnissen sind Versuche, Transsexuelle durch Psychotherapie oder Hormonbehandlungen umzustimmen, meistens gescheitert. Darum versuchen viele Wissenschaftler, dem transsexuellen Menschen dadurch zu helfen, daß sie seinen Körper mit Hilfe von Operationen verändern und dem von ihm gewünschten Geschlecht angleichen. Einer Frau, die sich als Mann fühlt, wird man also die inneren Sexualorgane und die Brüste entfernen, außerdem gibt man ihr männliche Hormone; ihre äußeren Sexualorgane läßt man in der Regel unverändert. Einen Mann, der sich wie eine Frau fühlt, wird man Penis und Hoden entfernen, eine künstliche Vagina und Brüste anlegen und weibliche Hormone geben. Als Hilfe für Transsexuelle wurde vor kurzem vom Gesetzgeber festgesetzt, daß sie unter bestimmten Voraussetzungen ihren Vornamen ändern dürfen.

Transsexuelle Menschen haben mit großen Schwierigkeiten zu kämpfen. Man begegnet ihnen meistens mit Ablehnung oder zumindest Unverständnis, und es ist schwer für sie, befriedigende Partnerbeziehungen zu entwickeln. Auch die Operationen ermöglichen ja keine wirkliche Geschlechtsumwandlung, sondern nur eine Angleichung. Wenn du selbst meinst, transsexuell zu sein, solltest du dich bei einer Beratungsstelle beraten und gegebenenfalls auch behandeln lassen. Bei einem sehr jungen Menschen sind die Aussichten recht günstig, daß eine Therapie helfen kann.

Transvestitismus

Im Gegensatz zum Transsexuellen begnügt sich der Transvestit, die Kleidung des anderen Geschlechts zu tragen. Einige haben ganz allgemein Spaß daran, andere verbinden damit den Wunsch, speziell sexuell erregt zu werden. Falls du dich als Transvestit fühlst, ist es wichtig, daß du dich an gewisse Ordnungsvorschriften hältst: du darfst also nicht als Junge in Frauenkleidern eine Frauentoilette aufsuchen, ebensowenig als Mädchen in Männerkleidung eine Männertoilette. Falls du es dennoch tust, mußt du darauf gefaßt sein, wegen einer Ordnungswidrigkeit mit einer Geldbuße bestraft zu werden. Viele Menschen haben Vorurteile gegen Transvestiten. Darum kommt es häufig vor, daß diese sich in bestimmten Gaststätten oder Clubs treffen, um unter sich zu sein.

Vergewaltigung

Unter Vergewaltigung versteht man, daß ein Mann eine Frau mit Gewalt und gegen ihren Willen zum Geschlechtsverkehr zwingt. Gesetze, die Vergewaltigung unter Strafe stellen, sind gemacht, um Mädchen und Frauen zu schützen. Wenn man sich dagegen anschaut, wie im Alltag vergewaltigte Frauen behandelt werden, hat man oft den Eindruck, als ob sie es wären, die ein Gesetz verletzt haben. Unterschwellig hört man oft, daß Frauen doch eigentlich gar nicht vergewaltigt werden können, wenn sie es wirklich nicht wollen. Man stellt sich vor, daß Frauen doch ganz gern brutal behandelt werden und daß sie vielleicht durch ihre Kleidung oder ihr Verhalten eine Vergewaltigung provoziert haben.
Auch das ist ein Teil unserer Doppelmoral, mit der wir es immer noch zu tun haben: Männer können sich anziehen, wie sie wollen und auch überall hingehen, während man Frauen, die sich hübsch zurechtmachen und vielleicht spät abends noch einmal auf der Straße spazierengehen, sehr schnell vorwirft, daß sie eine Vergewaltigung «herausgefordert hätten». Viele Frauen sind in ihrer Freiheit, allein spazierenzugehen oder am Abend einen einsamen Platz aufzusuchen, eingeschränkt – können sie doch nicht ausschließen, überfallen oder vergewaltigt zu werden. Diese Furcht ist übrigens verbreiteter, als viele Menschen glauben. Zu dem ganzen Problem «Vergewaltigung» gehört auch, daß Sexualität in unserer Gesellschaft sehr oft mit Gewalt gekoppelt wird: zum Beispiel in Büchern, Filmen und Zeitschriften. Infolgedessen nehmen viele Menschen an, daß Frauen in irgendeiner Weise die Verbindung von Sex

und Gewalt ganz gern haben. Das ist ein folgenreicher Irrtum!

Vergewaltigung ist ein schlimmes Verbrechen, und keine Frau möchte wohl jemals vergewaltigt werden. Jede Frau, die schon einmal vergewaltigt worden ist oder genau darüber Bescheid weiß, wird das sofort bestätigen. Oder ist es vielleicht nicht schrecklich für ein Mädchen oder eine Frau, wenn sie sich einem Mann gegenübersieht, der gewöhnlich stärker ist, und der sie mit Gewalt zum Geschlechtsverkehr zwingen will, indem er ihr droht, sie zu schlagen oder zu töten, wenn sie sich wehrt? In einer solchen Situation hilft es wohl kaum, die Beine übereinanderzuschlagen und dem Mann zu sagen, daß er doch weggehen möge. Man wird vielmehr nicht selten angepinkelt, angespuckt, geschlagen und in vielerlei Hinsicht beleidigt.

Strafrechtlich wird Vergewaltigung durch die §§ 177 und 178 StGB verfolgt. Das Gesetz ist ziemlich kompliziert. Die Frau muß glaubhaft machen können, daß sie mit dem Geschlechtsverkehr wirklich nicht einverstanden war. Der Mann wird sich häufig damit verteidigen, daß er ihre Ablehnung nicht bemerkt habe. Hinsichtlich der strafrechtlichen Verfolgung ist es nicht von Bedeutung, ob er eine Ejakulation hatte oder nicht; es muß lediglich bewiesen werden, daß er seinen Penis in der Vagina hatte. – Wer eine Frau mit Hilfe von Alkohol oder Drogen absichtlich widerstandsunfähig macht, wird übrigens auch bestraft. Das Strafmaß für Vergewaltigung liegt zwischen drei Monaten und zehn Jahren – je nach Schwere des Falls. Interessant ist übrigens, daß Vergewaltigung in der Ehe nicht bestraft wird.

Und wenn es dir passiert?

Wenn du in einer solchen Situation bist, versuche an folgende Ratschläge zu denken:
- versuche, so ruhig wie möglich zu bleiben;
- präge dir das Gesicht des Mannes genau ein;
- wenn du den Eindruck hast, daß er wirklich gewalttätig

wird, und keine schnelle Hilfe in der Nähe ist, kämpfe nicht
mit ihm;
– gib ihm deutlich zu verstehen, daß du keinen Geschlechtsverkehr haben willst;
– verhalte dich so, daß du möglichst wenig Verletzungen da-
vonträgst.

Zur Polizei gehen?

Es ist grundsätzlich empfehlenswert, eine Vergewaltigung der
Polizei anzuzeigen. Das ist wohl die einzige Möglichkeit, solche Männer daran zu hindern, es bei der nächsten Gelegen-
heit wieder zu tun. Aber du mußt wissen, daß auch Mut dazu-
gehört. Die ganze Prozedur, durch die du bei der Polizei und
auch danach hindurch mußt, ist oft so unangenehm, daß es
verständlich ist, wenn viele Frauen es vorziehen, lieber zu
schweigen. Vor Gericht wird dir der Verteidiger des Mannes
vielleicht nachweisen wollen, daß du unmoralisch lebst oder
häufig wechselnden Geschlechtsverkehr hast, daß du ihn er-
muntert hast, daß du dich nicht gewehrt hast, daß du lügst und
so weiter und so weiter. Man wird dir viele neugierige Fragen
über dein Privatleben stellen, und falls du über achtzehn bist,
wirst du vielleicht deinen ganzen «Fall» in der Presse ausge-
breitet wiederfinden. Vielleicht gelingt es dir trotz dieser wid-
rigen Umstände, genügend Mut aufzubringen, um zur Polizei
zu gehen. Du solltest dann folgendes beachten:
– Geh so schnell wie möglich – jeder Aufschub kann dir
schaden;
– wenn du kannst, erzähle jemandem genau, was geschehen
ist – vielleicht brauchst du ihn später als Zeugen;
– geh möglichst so zur Polizei, wie du nach der Vergewaltigung aussiehst; wenn du dich wäschst oder neue Kleidung
anziehst, kannst du wichtige Spuren verwischen (beispielsweise könntest du so verhindern, daß Samenreste des Mannes gefunden und als Beweismittel verwendet werden);
– trinke keinen Alkohol und nimm keine Tabletten zur Beru-
higung;

- wenn möglich, laß dich von deinen Eltern oder einem Freund begleiten, so daß du die Prozedur bei der Polizei und beim Arzt nicht allein durchstehen mußt;
- sei auf eine frauenärztliche Untersuchung vorbereitet (du kannst darum bitten, daß dein Hausarzt oder eine weibliche Ärztin dich untersucht);
- nimm ein paar Kleider zum Wechseln mit, denn vielleicht wird die Polizei deine Kleidung als Beweismittel dort behalten wollen;
- du kannst verlangen, daß dein Name geheimgehalten wird.

Unabhängig davon, ob du zur Polizei gehst oder nicht – sprich mit jemandem über das, was geschehen ist, denn du brauchst Unterstützung in dieser Situation. Suche auf jeden Fall auch einen Arzt auf. Er wird vielleicht Verletzungen feststellen, einen Schwangerschaftstest machen und ausschließen wollen, daß du mit einer Geschlechtskrankheit infiziert worden bist. – Auch Beratungsstellen können dir weiterhelfen.

Und wenn du selbst mit dem Gesetz in Konflikt gerätst?

In diesem Kapitel hast du ein paar Informationen bekommen über sexuelle Verhaltensweisen, die unter bestimmten Voraussetzungen bestraft werden. Falls du diesbezüglich selbst einmal mit der Polizei zu tun hast, können dir folgende Hinweise helfen:
- Wenn du verhaftet wirst, ist die Polizei verpflichtet, dir den Grund mitzuteilen; falls sie das nicht tut, frage danach, so daß du genau weißt, was man dir vorwirft.
- Bei der Polizei hast du das Recht, mit deinen Eltern, einem Freund oder dem Rechtsanwalt zu telefonieren. Auch wenn du das Gefühl hast, daß man das nicht gern sieht – du kannst es verlangen.
- Außer deinem Namen und deiner Adresse brauchst du keine Auskünfte zu geben. Du kannst dir vorstellen, daß die

Polizei nicht unbedingt sehr freundlich zu jemandem ist, der sich in dieser Hinsicht nicht als hilfreich erweist. Aber laß dich nicht beeindrucken. Du solltest wissen, daß sich gelegentlich Menschen gerade durch das sehr geschadet haben, was sie spontan bei der Polizei berichtet hatten. Sage nie, daß du schuldig bist! Und diskutiere deinen «Fall» nur in Gegenwart eines Freundes oder eines Rechtsanwalts deiner Wahl.

– Du hast das Recht, Papier und Bleistift zu verlangen, so daß du dir Notizen über die näheren Umstände deiner Verhaftung machen kannst. Dies wird dir und deinem Rechtsanwalt vielleicht auch vor Gericht helfen.

– Jeder Polizist ist verpflichtet, sich auszuweisen, bevor er dich mitnimmt. Überhaupt kann man dich nur mitnehmen, wenn man ernsthaft annimmt, daß du ein Verbrechen begangen hast oder wenn du im Besitz von Rauschgift oder Schußwaffen bist.

Falls es zu einer Gerichtsverhandlung kommt, ist es auf jeden Fall empfehlenswert, sich durch einen eigenen Rechtsanwalt vertreten zu lassen – auch wenn du dich lieber selbst verteidigen würdest. Die Gesetze sind sehr kompliziert und für einen Laien nur schwer verständlich. Hast du kein Geld, gibt es Möglichkeiten, über das Armenrecht finanzielle Unterstützung zu bekommen. Wie bei allen anderen Angelegenheiten ist es auch hier wichtig, daß du bereit bist, dir helfen zu lassen.

Beratungsstellen

Hier und auf den folgenden Seiten geben wir euch eine kurze Übersicht über die wichtigsten Beratungsdienste in der Bundesrepublik Deutschland und in West-Berlin. Aus Platzmangel haben wir uns meistens mit der Adresse der jeweiligen Hauptstelle begnügt. Ein Blick in das Telefonbuch wird euch zeigen, daß viele dieser Organisationen auch an eurem Wohnort oder in der nächstgelegenen größeren Stadt eine Beratungsstelle eingerichtet haben.

Die Arbeiterwohlfahrt, der Caritasverband, der Deutsche Paritätische Wohlfahrtsverband, das Deutsche Rote Kreuz und das Diakonische Werk sind Verbände, die ein vielfältiges Angebot von sozialen Hilfen und Beratungsdiensten entwickelt haben. Ihr könnt sie in Anspruch nehmen, wenn ihr Probleme habt und darum Rat und Hilfe braucht.

Vielleicht möchtet ihr gern Kontakt zu einer Frauen- oder Männergruppe aufnehmen. Die hier angegebenen Anschriften können euch auf Anfrage sagen oder schreiben, ob es an eurem Wohnort entsprechende Gruppen oder Arbeitskreise gibt.

Sozialamt, Jugendamt und Gesundheitsamt könnt ihr in der Regel über die Telefonnummer der Gemeinde- oder Stadtverwaltung erreichen. Erziehungsberatungsstellen sind Einrichtungen, an die ihr euch ebenfalls wenden könnt.

All diese Stellen werden euch auch helfen, wenn ihr allein, das heißt ohne eure Eltern, hinkommt. – Noch ein Hinweis: in der Telefonseelsorge sitzen «rund um die Uhr» geschulte sozialpädagogische und psychologische Mitarbeiter, die euch jederzeit anhören werden.

Da sich dieses Buch vor allem mit Fragen befaßt, die mit Sexualität zu tun haben, findet ihr auf den folgenden Seiten die Adressen der Deutschen Gesellschaft für Sexualberatung und Familienplanung e. V. – Pro Familia – in vollem Umfang.

I. Allgemeine Beratungsdienste

Bundesverband der Arbeiterwohlfahrt, Ollenhauer Str. 3, 5300 Bonn

Deutscher Caritasverband
Karlstr. 63, 7800 Freiburg

Deutscher Paritätischer Wohlfahrtsverband e. V. – Gesamtverband
–, Heinrich-Hoffmann-Str. 3, 6000 Frankfurt/Main

Deutsches Rotes Kreuz – Generalsekretariat –, Friedrich-Ebert-Str.
71, 5300 Bonn

Diakonisches Werk, Stafflemberger Str., 7000 Stuttgart

II. Beratungsdienste für Mädchen/Frauen (auch für Lesbengruppen)

Infozentrale der Frauenhäuser Norddeutschlands, Postfach 106751,
2800 Bremen

Verband alleinstehender Mütter und Väter (Bundesverband) Martin-Luther-Str. 20, 6000 Frankfurt/Main 1

III. Beratungsdienste für homosexuelle Männer

Institut für Lebens- und Sexualberatung, Gerresheimer Str. 20, 4000
Düsseldorf 1

IV. Pro Familia-Beratungsstellen

Pro Familia – Deutsche Gesellschaft für Sexualberatung und Familienplanung e. V. Bundesverband Cronstettenstr. 30, 6000 Frankfurt/
Main 1 – Tel. (0611) 55 09 01

Landesverbände der Pro Familia

BADEN-WÜRTTEMBERG
Schloßstr. 60, 7000 Stuttgart 1 – Tel. (0711) 62 26 18

BAYERN
Georgenstr. 13 a, 8000 München 40 – Tel. (089) 33 34 34

BERLIN
Schöneberger Ufer 53/55, 1000 Berlin 30 – Tel. (030) 2 61 70 40

BREMEN
Stader Str. 35, 2800 Bremen 1 – Tel. (0421) 49 10 90, 49 10 99

HAMBURG
Tesdorpfstr. 8, 2000 Hamburg 13 – Tel. (040) 44 19 52 65, oder (040)
44 19 53 46

HESSEN
Auf der Körnerwiese 5, 6000 Frankfurt/M. 1 – Tel. (0611) 59 92 86

NIEDERSACHSEN
Bödeckerstr. 60, 3000 Hannover – Tel. (0511) 31 70 44

NORDRHEIN-WESTFALEN
Gut Ahlhausen, 5828 Ennepetal 13 – Tel. (02333) 7 11 84

RHEINLAND-PFALZ und SAARLAND
Frauenlobstr. 97, 6500 Mainz – Tel. (06131) 67 21 51

SCHLESWIG-HOLSTEIN
Marienkirchhof 6, 2390 Flensburg – Tel. (0461) 1 79 11

Beratungsstellen der Pro Familia

BADEN-WÜRTTEMBERG
7120 Bietigheim-Bissingen, Stuttgarter Str. 179,
      Tel. (07142) 7 63 36
7800 Freiburg, Bertoldstr. 63, Tel. (0761) 2 68 50
7100 Heilbronn, Bürgerhaus Böckingen, Kirchsteige 5,
      Tel. (07131) 48 39 69
7500 Karlsruhe 1, Kaiserstr. 209, 3. OG, Tel. (0721) 27 44 1
7750 Konstanz, Gütlestr. 8, Tel. (07531) 2 63 90
7250 Leonberg, Rutesheimer Str. 50/1, Tel. (07152) 2 10 71–72
7140 Ludwigsburg, Schloßstr. 9, Tel. (07141) 2 34 44
6800 Mannheim 1, Käfertaler Str. 47, Tel. (0621) 37 85 08
7530 Pforzheim, Gerberstr. 4 (Emma-Jäger-Bad)
      Nebenberatungsstelle: Unteres Enztal
7170 Schwäbisch Hall, Gymnasiumstr. 1, Tel. (0791) 73 84
7000 Stuttgart 1, Schloßstr. 60, Tel. (0711) 62 26 18
      Nebenberatungsstellen: Ostendstr. 77 a

192

Hallschlag, Dessauer Str. 1a
Dürrlewang, Schopenhauerstr. 43c
7400 Tübingen, Waldhäuser Str. 33, Tel. (07071) 66207
7730 VS-Villingen, Kirnacher Str. 21, Tel. (07721) 59088
7050 Waiblingen, Bürgermühlenweg 11, Tel. (07151) 55145

BAYERN
8900 Augsburg, Äußere Uferstr. 49, Tel. (0821) 412274
     Nebenberatungsstelle: Bürgerzentrum Kresslemühle,
     Barfüßerstr. 4
8000 München 40, Georgenstr. 13a, Tel. (089) 333434
8000 München 45, Wintersteiner Str. 12/14, Tel. (089) 3144425 oder
     (089) 3132425
8500 Nürnberg, Hintere Insel Schütt 7, Tel. (0911) 221283
     Glogauer Str. 50 (Gemeinschaftshaus Langwasser),
     Tel. (0911) 809520
     Eibacher Hauptstr. 102, Tel. (0911) 634773
     Nebenberatungsstelle: Neumeyerstr. 30

BERLIN
1000 Berlin 30, Schöneberger Ufer 53/55, Tel. (030) 2617040
1000 Berlin 21, Huttenstr. 6/7, Tel. (030) 3934016
     Nebenberatungsstellen: Woltmannweg 47
     Wilhelmsruher Damm 124

BREMEN
2800 Bremen 1, Stader Str. 35, Tel. (0421) 491090, 491099
2850 Bremerhaven, An der Allee 47, Tel. (0471) 45631

HAMBURG
2000 Hamburg 1, An der Alster 82, Tel. (040) 242620
     Nebenberatungsstelle: Hamburg-Billbrook, Berzeliusstr. 100
2000 Hamburg 60, Gründgensstr. 26, Tel. (040) 6317357
     Nebenberatungsstellen: Wohnunterkunft Steilshooper Allee 10
     Wohnsiedlung Wegenkamp, Oldenburger Str. 76a
     Wohnsiedlung Großlohering, Stapelfelder Str. 106
2000 Hamburg-Altona, Bülowstr. 9 (Frauenklinik),
     Tel. (040) 882861
2000 Hamburg-Bergedorf, Gojenbergsweg 30,
     Tel. (040) 7217081 App. 232

2100 Hamburg-Harburg, Lühmannstr. 13, EG,
Tel. (040) 771702251

HESSEN
6320 Halsfeld, Volkmarstr. 3, Tel. (06631) 6207
6140 Bensheim, Wambolter Hof, Tel. (06251) 68191
6100 Darmstadt, Landgraf-Georg-Str. 120, Tel. (06151) 43264
Nebenberatungsstelle: Akazienweg (Gemeinschaftshaus)
6000 Frankfurt/Main 1, Auf der Körnerwiese 5,
Tel. (0611) 599286
Nebenberatungsstellen:
Frankfurt-Bornheim, Fechenheimer Str. 14
Frankfurt-Eschersheim, Bonameser Str. Wohnwagenplatz
Frankfurt-Eckenheim, Sigmund-Freud-Str. 119 II
Frankfurt-Griesheim, Ahornstr. 108
Frankfurt-Höchst, Gebeschußstr. 58
Frankfurt-Nordweststadt, Nidaforum 9
Frankfurt-Nied, Alt-Nied 27
Frankfurt-Preungesheim, Wegscheidestr. 50, 2. Stock
Frankfurt-Rödelheim, Zentmarkweg 39
6360 Friedberg, Kaiserstr. 136, Tel. (06031) 83278
6400 Fulda, Marktstr. 21, Tel. (0661) 74078
6300 Giessen, Frankfurter Str. 48, Tel. (0641) 77122
Nebenberatungsstellen: Reichenberger Str. 8
Heyerweg (Gemeinschaftszentrum)
6450 Hanau 1, Römerstr. 13, Tel. (06181) 22284
Nebenberatungsstellen: Aschaffenburger Str. (Sozialstation)
Karl-Marx-Str. (Kindergarten)
6430 Bad Hersfeld, Kreisgesundheitsamt Eingang 4,
Tel. (06621) 87350
6050 Offenbach/Main, Bleichstr. (Eichendorffschule),
Tel. (0611) 8065-2731
Nebenberatungsstelle: Holunderweg
6090 Rüsselsheim/Main, Marktstr. 27, Tel. (06142) 63131
6490 Schlüchtern, Gartenstr. 5, Tel. (06661) 2071
6200 Wiesbaden, Langgasse 36, Tel. (06121) 376516
Nebenberatungsstellen: Mühltal, Haus 3
Wachsackerstr. 5 und Schlangenbader Str. 22

3300 Braunschweig, Hamburger Str. 226, Tel. (0531) 329385
3300 Braunschweig, Katharinenstr. 1 (Studentenberatung),
     Tel. (0531) 340844
2190 Cuxhaven, Kirchenpauerstr. 5, Tel. (04721) 38141
3400 Göttingen, Rote Str. 19, Tel. (0551) 58627
3000 Hannover, Bödekerstr. 60, Tel. (0511) 317044
2900 Oldenburg, Lindenstr. 4, Tel. (0441) 88095
4500 Osnabrück, Krahnstr. 23, Tel. (0541) 23907
3150 Peine, Kantstr. 12, Tel. (05171) 18045–46
3110 Uelzen 1, Veerßer Str. 15, Tel. (0581) 2080
2940 Wilhelmshaven, Paul-Hug-Str. 60, Tel. (04421) 25080
3340 Wolfenbüttel, Holzmarkt 16, Tel. (05331) 26929
3180 Wolfsburg, Stormhof 2, Tel. (05361) 25457

NORDRHEIN-WESTFALEN

5100 Aachen, Jülicher Str. 156, Tel. (0241) 161333
4619 Bergkamen-Rünthe, Rünther Str. 58, Tel. (02389) 5875
4800 Bielefeld, Stapenhorststr. 5, Tel. (0521) 171422–23
4630 Bochum, Mühlenstr. 25, Tel. (0234) 12320
     Nebenberatungsstellen: Zillertal, Block 150/2/18 Herzogstr.
     79/3
5300 Bonn, An der Esche 2, Tel. (02221) 655614
4930 Detmold, Lemgoer Str. 1–3, Tel. (05231) 26841
5160 Düren, Beethovenstr. 18, Tel. (02421) 14561
4000 Düsseldorf, Gesundheitsamt an der Weberstr. 3,
     Tel. (0211) 8992646
4000 Düsseldorf-Derendorf, Benedikt-Schmittmann-Str. 13,
     Tel. (0211) 481782, 464182
4000 Düsseldorf-Garath, Fritz-Erler-Str. 21 (Freizeitzentrum),
     Tel. (0211) 8997556
4100 Duisburg, Musfeldstr. 161–163, Tel. (0203) 660500
4100 Duisburg 11, Viktoriastr. 8 (Gesundheitsamt Nord),
     Tel. (0203) 5553 – 5271
4390 Gladbeck, Grabenstr. 37, Tel. (02043) 26606
4830 Gütersloh, Marienfelder Str. 6, Tel. (05241) 20450
5000 Köln 1, Hansaring 84/86, Tel. (0221) 122087
5000 Köln 71, Neissestr. 2, Tel. (0221) 703511
4150 Krefeld, Frankenring 65, Tel. (02151) 770947
5090 Leverkusen 3, Miselohestr. 2, Tel. (02171) 402615

Manforter Str. 184, Tel. (02172) 352533 6
Nebenberatungsstellen: Lützenkirchen, Am Sonnenhang 13
Im Eisholz
4370 Marl, Bergstr. 228, Tel. (02365) 1 4744
4050 Mönchengladbach 2, Hugo-Preuß-Str. 55,
Tel. (02166) 487 24
4400 Münster (Westf.), Papenburger Str. 10, Tel. (0251) 661299
4200 Oberhausen 1, Friedensplatz 16, Tel. (0208) 20379
4350 Recklinghausen, Löhrhof-Center, Eing. Kaiserwall 37,
Tel. (02361) 2670 1
5630 Remscheid, Lindenhofstr. 13, Tel. (02191) 349393
5830 Schwelm, Kaiserstr. 65, Tel. (02125) 1 04 71
5650 Solingen, Baustr. 2, Tel. (02122) 7 1275
5210 Troisdorf, Pfarrer-Kentemich-Platz 26, Tel. (02241) 74061
5810 Witten, Husemannstr. 13, Tel. (02302) 84299
5600 Wuppertal 1, Mirkerstr. 35, Tel. (0202) 443472

RHEINLAND-PFALZ und SAARLAND
6750 Kaiserslautern, Kanalstr. 19, Tel. (0631) 63619
5400 Koblenz, Hohenzollernstr. 3, Tel. (0261) 34812
6700 Ludwigshafen/Rhein, Kaiser-Wilhelm-Str. 5,
Tel. (0621) 51 01 70
Nebenberatungsstellen: Bayreuther Str. 71, Krobsburger Str.
12
6500 Mainz, Frauenlobstr. 97, Tel. (06131) 6721 51
Nebenberatungsstelle: Zwerchallee (Sozialstation)
6680 Neunkirchen, Wilhelmstr. 12, Tel. (06821) 2767 7
6600 Saarbrücken, Försterstr. 24, Tel. (0681) 3 77 00
Nebenberatungsstellen: Deutschmühlental, Haus 76
Wackenberg, Rubensstr. 78 und Matzenberg, Bürgerhaus

SCHLESWIG-HOLSTEIN
2390 Flensburg, Wrangelstr. 17, Tel. (0461) 266 25
2300 Kiel, Brunswicker Str. 47, Tel. (0431) 5 15 68
2400 Lübeck 1, Jürgen-Wullenwever-Str. 1, Tel. (0451) 647 72
2060 Bad Oldesloe, Hamburger Str. 48
2370 Rendsburg, Wallstr. 16, Tel. (04331) 2 24 56

Bücherliste

Bücher für Jugendliche

Amendt, G.: *Sexfront*. Frankfurt, 1970, Zweitausendeins, 160, DM 4,90
Amendt, G.: *Das Sexbuch*. Dortmund, 1979, DM 9,80
Berger, Rolf: *Erste Liebe, erster Sex*. Intimreport für und über Teenager mit Fotos von Ota Richter, Südwest Verlag, München, 1973, 154 S., DM 5,80
Bohm, Christiane; Korflür, Gisela: *Was erwartet uns beim Frauenarzt*? Verlag Frauenoffensive, München, 1976, 52 S., DM 6,50
Borneman, E.: *Lexikon der Liebe*. List-Verl., München, 1969
Brauer, Joachim; Kapitzke, G.; Wrage, K.-H.: *Junge, Mädchen, Mann und Frau*. Band 2, für Schülerinnen und Schüler von 12–16, Gütersloher Verlagshaus, Gütersloh, 1976, 152 S., DM 14,80
Brot und Rosen, Frauenhandbuch Nr. 1 über Abtreibung und Verhütung. Kannst du auch bestellen über: Regina Krause, Glasgower Str. 23, 1000 Berlin 65
Bundeszentrale f. gesundheitliche Aufklärung (Hg.): *Sexualkunde-Atlas*. Leske Verlag, Opladen, 1974
Diess.: *Sexualerziehung*. Klett Verlag, Stuttgart, 1974
Claësson, Bent H.: *Sexualinformation für Jugendliche*. Verlag Neue Kritik, Frankfurt, 1976, 144 S., DM 12,80
Hornschuh, Heike: *Ich bin dreizehn*. rororo rotfuchs 57, Rowohlt Verlag, Reinbek 1974, 60 S., DM 4,80
Jacobi, Peter: *Aufklärung*. Deutsche Bearbeitung von «Samspel», Beltz Verlag, Weinheim, 1973, 84 S., DM 5,–
Kahn-Nathan, J. u. a.: *Mann und Frau*. Eine Sexualkunde. 5 Bde, Neuer Tessloff Verlag, Hamburg, 1975
Kunstmann, Antje: *Mädchen*. Sexualaufklärung – emanzipatorisch. Raith Verlag, Starnberg, 1976, 92 S., DM 9,80
McBride, Will; Fleischhauer-Hardt, Helga: *Zeig mal*. Ein Bilderbuch für Kinder und Eltern. Jugenddienst-Verlag, Wuppertal, 1975, 195 S., DM 28,–
Rote Grütze: *Was heißt hier Liebe*? Weismann Verlag & Verlag der Autoren, München, 1977, 104 S., DM 8,80

Bücher für Erwachsene

Barbach, Lonni Garfield: *For yourself*. Die Erfüllung weiblicher Sexualität. Verlag Ullstein, Berlin, 1977, 230 S., DM 19,50
Beauvoir, S. de: *Das andere Geschlecht*. rororo, Sachbuch 6621, Rowohlt Verlag, Reinbek, 1951 ff

Comfort, Alex: *Joy of Sex* (Freude am Sex). Ullstein-Verlag, Berlin, 1976, 256 S., DM 24,–

Dannecker, Martin; Reiche, Reimut: *Der gewöhnliche Homosexuelle*. Fischer Format, S. Fischer Verlag, Frankfurt, 1974, 393 S., DM 19,80

Goldstein, Martin; McBride, Will: *Lexikon der Sexualität*, 400mal Auskunft, Antwort und Beschreibung. Jugenddienst-Verlag, Wuppertal, 1970, 224 S., DM 24,– oder Fischer-Taschenbuch Verlag, Bd. 1221, DM 6,80

Kentler, Helmut: *Eltern lernen Sexualerziehung*. Rowohlt Verlag, Reinbek, 1975, 144 S., DM 24,80

Linnhoff, Ursula: *Weibliche Homosexualität*. Pocket 70, Verlag Kiepenheuer und Witsch, Köln, 1976, 140 S., DM 10,–

Jutta Menschik (Hg.): *Grundlagentexte zur Emanzipation der Frau*. Pahl Rugenstein Verlag, Köln, 1976

Bücher für Erzieher, Lehrer und Sozialarbeiter

Albrecht-Désirat, K. u. K. Pacharzina: *Sexualität und Gewalt*. Päd extra buchverlag, Frankfurt, 1979, 172 S., DM 16,80

Assig, D.; Baurmann, M.; Dose, R.; Kirchmeier, H.; Kunz, E.: *Sexualität ist mehr*. Jugenddienst-Verlag, Wuppertal, 1976, 96 S., DM 19,80

Borneman, Ernest: *Sex im Volksmund* – Der obszöne Wortschatz der Deutschen. Band 1: Wörterbuch von A–Z, rororo sachbuch 6852, 221 S., DM 5,50 – Band 2: Wörterbuch und Sachgruppen, rororo sachbuch 6853, 511 S., DM 8,50, Rowohlt Verlag, Reinbek, 1974

Bräutigam, Walter: *Sexualmedizin im Grundriß*. Georg Thieme Verlag, 1977, 285 S., DM 19,80

Brocher, Tobias; von Friedeburg, Ludwig: *Lexikon der Sexualerziehung für Eltern, Lehrer, Schüler*. Kreuz Verlag, Stuttgart, 1972, 771 S., DM 19,80

Comfort, Alex: *Der aufgeklärte Eros* – Plädoyer für eine menschenfreundliche Sexualmoral. rororo sachbuch 6637, Rowohlt Verlag, Reinbek, 1968, 157 S., DM 4,80

Figge, P. u. a.: *Betrifft: Sexualität* – Materialien zur Sexualerziehung im Medienverbund für Jugendliche, Eltern und Pädagogen. Georg Westermann Verlag, Braunschweig, 1977, 18 Materialien, DM 9,80 einschließlich Lehrerheft, DM 4,80

Ford, C. S. u. F. A. Beach: *Formen der Sexualität*. Rowohlt Verlag, Reinbek, 1968

Freud, S.: *Drei Abhandlungen zur Sexualtheorie*. GW, Band V (auch Fischer-Taschenbücher)

Jansen-Jurreit, Marie-Louise: *Sexismus* – Über die Abtreibung der Frauenfrage. Carl Hanser Verlag, München, 1976, 755 S., DM 39,80

Kattmann, Ulrich: *Sexualität des Menschen*. a) Bildmappe mit 12 Fotos von Will McBride, DM 9,80 b) Didaktischer Kommentar, 64 S., DM 9,80, Jugenddienst-Verlag, Wuppertal, 1971

Kentler, Helmut: *Sexualerziehung*. rororo sexologie 8034, Rowohlt Verlag, Reinbek, 1970

Kentler, Helmut: *Texte zur Sozio-Sexualität*. UTB, Leske-Verlag, 1973, 367 S., DM 19,80

Kerscher, Karl-Heinz Ignatz: *Sexualität und Erziehung*. Achenbach Verlag, Gießen, 1974, 177 S., DM 9,50

Kockott, G. (Hg.): *Sexuelle Störungen*. Verhaltensanalyse und -modifikationen. Urban & Schwarzenberg, München, 1977

Kutzleb, U.; Schmidt, S.; Walczak, L.; Weber, B.: *Zeit für Zärtlichkeit*. Jugenddienst-Verlag, Wuppertal, 1977, 184 S., DM 18,80

Lautmann, R.: *Seminar Gesellschaft und Homosexualität*. Suhrkamp, Frankfurt, 1977

Lerchbacher, Hans: *Sex im Recht*. Reform des Sittenrechts. Katzmann Verlag, Tübingen, 1974, 128 S., DM 11,80

Masters, William H.; Johnson, Virgina E.: *Die sexuelle Reaktion*. rororo sexologie 8032, Rowohlt Verlag, Reinbek, 1970, 292 S., DM 7,80

Masters, William H.; Johnson, Virgina E.: *Impotenz und Anorgasmie.* Zur Theorie funktioneller Sexualstörungen. Goverts Verlag, Stuttgart, 1973, 410 S., DM 36,–

Pacharzina, K. u. K. Albrecht-Désirat (Hg.): *Konfliktfeld Kindersexualität*. Päd extra buchverlag, Frankfurt, 1978

Peuné, K.-J.; Kuchta, J.: *Sexualität und Gesellschaft*. Arbeitsblätter für den Schulunterricht. CVK, Bielefeld, 1973, 52 S., DM 7,20

Reiche, R.: *Sexualität und Klassenkampf*. Frankfurt, 1971

Schelsky, H.: *Soziologie der Sexualität*. Rowohlt Verlag, Reinbek, 1955

Schlaegel, J.; K. Schoof-Tams u. L. Walczak: *Beziehungen zwischen Jungen und Mädchen*. Sexualmedizin 4, 1975

Schorsch, Eberhard; Schmidt, Gunter: *Ergebnisse zur Sexualforschung*. Verlag Kiepenheuer und Witsch, Köln, 1975, 334 S., DM 19,80

Sexualpädagogik. Fachzeitschrift. Braunschweiger Verlagsanstalt, Braunschweig

Sigusch, V. (Hg.): *Sexualität und Medizin*. Kiepenheuer & Witsch, Köln, 1979

van Ussel, J.: *Sexualunterdrückung*. Geschichte der Sexualfeindschaft. Focus, Gießen, 1977

Sachregister

Quellenverzeichnis der Abbildungen

Heide Hering: Weibsbilder, Rowohlt (rororo 4536) 1979; S. 17, 18, 19
Sexualkundeatlas, Leske Verlag, Opladen 1974; S. 23
Eltern – Sonderteil der Frauenkrankheiten (1. Teil), 1978; S. 28
Beiträge zur Geschlechtserziehung, Herausgegeben von der Bundeszentrale für gesundheitliche Aufklärung, Köln; S. 35
Informationsbroschüre der Gruppe «Rosa Februar» im Schwulen-Zentrum, Berlin; S. 40
Rosie Havemann/Courage; S. 42
him/applaus Nr. 10/1979, Foto Rolf von Bergmann; S. 44
A. Fischer-Dückelmann: Die Frau als Hausärztin. Süddeutsches Verlags-Institut, Stuttgart; S. 48
Matthias Duderstadt, Hamburg; S. 51 oben und unten
Matthias Duderstadt, Hamburg; S. 53 oben und unten
Eltern, Jahrgang 1977; S. 59
Stern-Magazin Nr. 16/1974; S. 63
Matthias Duderstadt, Hamburg; S. 75–89 (Fotoserie)
I. Brender (Hg.): Die Sache mit dem Sex, Beltz & Gelberg, Weinheim und Basel 1977; S. 91
Pro-Familia-Informationsbroschüre
Familienplanung – aber womit?; S. 107
Stern-Archiv. Foto Ullal; S. 135
Information über Empfängnisregelung für junge Paare in Bildern. Herausgegeben von der Bundeszentrale für gesundheitliche Aufklärung; S. 154
Informationsbroschüre der Gruppe «Rosa Februar» im Schwulen-Zentrum Berlin; S. 171
Sexualmedizin 3/1976; S. 173

rororo panther

herausgegeben von
Uwe Wandrey

Michel del Castillo
Elegie der Nacht
Eine Jugend in
Straflagern.
Die Geschichte eines
Jungen, der mit neun
Jahren an der Seite
seiner Mutter im spani-
schen Bürgerkrieg ge-
gen Franco kämpft,
später in ein deutsches
KZ deportiert wird und
schließlich als Drei-
zehnjähriger in eine
Besserungsanstalt ein-
gewiesen wird.
rororo 4482

Jane Cousins
Make it happy
Das Buch über Liebe,
Lust und Sexualität für
Anfänger, Ratlose,
Draufgänger. Übersetzt
und bearbeitet von
K. Albrecht-Desirat und
K. Pacharzina.
rororo 4495

Roswitha Fröhlich
**Ich konnte einfach
nichts sagen**
Tagebuch einer
Kriegsgefangenen.
Roswitha, als Kriegs-
gefangene nach Frank-
reich abtransportiert,
wird von einem ameri-
kanischen Offizier nach
ihrer Gesinnung und
nach Hitler ausgefragt.
Aber sie kann einfach
nichts sagen.
rororo 4470

Frank Göhre
So läuft das nicht
Roman
Geschichte einer Grup-
pe Jugendlicher, die
sich einiges vorneh-
men. Sie wollen sich
engagieren: für andere,
wollen gemeinsam et-
was erreichen. Sie er-
reichen nicht viel, aber
sie lernen viel.
rororo 4639

Michael Grupp
Umschalten
Energiefibel.
Anders leben 1
Ein einführendes Sach-
buch für alle, die wis-
sen wollen, was Ener-
gie ist, wo sie her-
kommt, wie sie erzeugt
wird, welche Energien
für unsere Versorgung
verwendet werden und
welche Gefahren für
die Umwelt mit ihnen
verbunden sind.
rororo 4457

Jan Hans (Hg.)
**Aber besoffen
bin ich von dir.**
Liebesgedichte.
Autorinnen und Auto-
ren schreiben von der
Lust und der Schwie-
rigkeit, einen anderen
zu lieben.
rororo 4456

Michael Holzner
Treibjagd
Die Geschichte des
Benjamin Holberg.
Benjamin, zu Hause un-
erwünscht, wird ins
Heim abgeschoben
und gerät in einen kri-
minellen Teufelskreis.
Sein Mißtrauen gegen-
über einer Gesell-
schaft, die so eine Ent-
wicklung zuläßt, wächst
mit der menschlichen
und sozialen Enttäu-
schung, die er erlebt.
rororo 4622

Kein schöner Land?
Deutschsprachige Au-
toren zur Lage der
Nation. Gedichte, Ge-
danken, Satiren, Artikel
und Glossen von Men-
schen, denen die Zu-
kunft ihres Landes nicht
gleichgültig ist.
rororo 4458

rororo panther

herausgegeben von
Uwe Wandrey

Grüne Lieder
Umwelt-Liedrbuch
Anders leben 2
Hg. von Manfred
Bonson
Ein Jahrzehnt Umwelt-
Lieder von Joan Baez
bis Walter Mossmann.
Lieder gegen die Zer-
störung unserer Um-
welt, gegen Atomkraft-
werke, für eine mensch-
liche Zukunft.
Texte, Noten, Gitarren-
begleitungen, Anmer-
kungen zu den Lied-
anlässen.
rororo 4640

Udo Lindenberg
Hinter all den Postern
Aufgerissen von Steve
Peinemann
Das erste Buch von und
mit Udo Lindenberg.
Geschichte und Alltag
eines Rock-Stars, der
erlebt hat, was er singt.
Fotos und Zeichnungen
von ihm selbst.
rororo 4522

Alberto Manzi
**Amigo, ich singe
im Herzen**
Ein Roman, der die so-
zialen Mißstände und
die sich anbahnenden
Entwicklungen auf dem
lateinamerikanischen
Kontinent spiegelt.
rororo 4621

Hansjörg Martin
Der Verweigerer
Der Verfasser ist Mit-
glied in einem Prüfungs-
ausschuß für Kriegs-
dienstverweigerer. Er
weiß, wovon er spricht.
Im Anhang noch Tips,
Adressen, Verfahrens-
regeln und Gesetze.
rororo 4508

Angelika Mechtel
**Wir sind arm
wir sind reich**
Angelika Mechtel er-
zählt aus der Sicht des
Mädchens Marnie:
Jugend im Nachkriegs-
deutschland der fünf-
ziger Jahre.
rororo 4459

Rüdiger Nüchtern
Schluchtenflitzer
Filmroman.
Das Buch zum Kinofilm
„Schluchtenflitzer". Mit
über 400 Fotos.
rororo 4481

Brigitte Rohkohl
Rock-Frauen
Interviews, Fotos, Hin-
tergründe, Zusammen-
hänge mit, von und über
Frauen der deutschen
Rockszene.
rororo 4454

Harald Tondern
Colombian Connection
Drogenkrimi
rororo 4455

Wie schafft ihr das?
Mädchen fragen Frauen.
Muß sich eine Frau zwi-
schen Beruf und Privat-
leben entscheiden, oder
gibt es für sie Wege,
sowohl im Beruf wie
auch im Privatleben
ihre Persönlichkeit zu
verwirklichen?
rororo 4509

Aki Wolter,
Hans Poethko (Hg.)
**Was auf den Nägeln
brennt**
Literarische Texte
seit '65
Wie setzen sich unsere
Autoren mit den gesell-
schaftlichen Zuständen
und Ereignissen ausein-
ander?
rororo 4570

Bücher über die wichtigsten Stile populärer Musik

Nik Cohn
**AWopBopaLooBop
ALopBamBoom**
Pop History
rororo 1542
«Selten habe ich eine so witzige Pop-History gelesen wie Nik Cohns subjektive Lästerungen über alles, was sich das Mäntelchen Pop umhängt und damit Geschäfte macht.»
Abendzeitung, München

Siegfried Schmidt-Joos/
Barry Graves
mit Diskographien von
Bernie Sigg
Rock-Lexikon
rororo handbuch 6177
«…die bisher lesbarste und am gründlichsten recherchierte Übersicht über die Rockmusik, die es bisher in irgendeiner Sprache gibt.»
Westdeutsche
Allgemeine Zeitung

Tibor Kneif
Sachlexikon Rockmusik
Instrumente, Stile, Techniken, Industrie und Geschichte
rororo handbuch 6233
«Durch die starke Einbeziehung von jugendsoziologischen Fragestellungen hat das Buch von Tibor Kneif ähnlichen Veröffentlichungen zum Thema einiges an Informationsgehalt voraus.»
Deutsche Zeitung

Arnold Shaw
Rock'n'Roll
Die Stars, die Musik und die Mythen der 50er Jahre.
rororo sachbuch 7109
«…dem Autor ist die Demontage eines Mythos zu verdanken. Er tut dies mit Einblicken ins Geschäft, mit einer Überfülle bisher unbekannter Facts.
– Pflichtlektüre für Fans.»
Die Welt

Paul Oliver
Die Story des Blues
Worksongs, Ragtime, Rhythm and Blues
rororo sachbuch 7170
«Nicht nur der Geschichte des Blues ist das Buch gewidmet. Neben Bibliographie, Diskographie und Namensregister findet der Fan Hintergrundinformationen über die Entwicklung der Gitarren- und Pianobegleitung rund um Ragtime, Boogie und Barrelhouse, über das gestörte Verhältnis des Blues zur Schallplattenindustrie und das gar nicht gestörte zur modernen Pop-Kultur.»
Berliner Morgenpost